基金项目：福建省社会科学规划西部扶持项目"福建省县域农业物流生
（编号：FJ2017X003）

Research on the Formation Mechanism and Synergy
Strategy of Agri-Logistics Ecosystem in County

县域农业物流生态圈
形成机理与协同策略研究

林晓伟 著

企业管理出版社
ENTERPRISE MANAGEMENT PUBLISHING HOUSE

图书在版编目（CIP）数据

县域农业物流生态圈形成机理与协同策略研究 / 林晓伟著 . -- 北京：企业管理出版社，2020.10

ISBN 978-7-5164-2250-2

Ⅰ . ①县… Ⅱ . ①林… Ⅲ . ①县—区域农业—农业经济—物流经济—经济发展—研究—中国 Ⅳ . ① F323.7

中国版本图书馆 CIP 数据核字（2020）第 197417 号

书　　名：	县域农业物流生态圈形成机理与协同策略研究
作　　者：	林晓伟
责任编辑：	侯春霞
书　　号：	ISBN 978-7-5164-2250-2
出版发行：	企业管理出版社
地　　址：	北京市海淀区紫竹院南路 17 号　　邮编：100048
网　　址：	http：//www.emph.cn
电　　话：	发行部（010）68701816　　编辑部（010）68420309
电子信箱：	zhaoxq13@163.com
印　　刷：	北京七彩京通数码快印有限公司
经　　销：	新华书店
规　　格：	710 毫米 ×1000 毫米　　16 开本　　11.75 印张　　205 千字
版　　次：	2020 年 10 月第 1 版　　2020 年 10 月第 1 次印刷
定　　价：	68.00 元

版权所有　翻印必究　印装有误　负责调换

前　言

互联网是新兴的数字技术，是生产力发展的重要标志。"互联网+"代表一种新的经济形态——数字经济，即充分发挥互联网"万物互联"的作用，以数据为主导生产要素，将互联网的数字技术创新成果深度融合于经济社会各领域之中，优化和集成市场经济的生产要素配置，提升实体经济的创新力和活力，形成更广泛的以互联网等数字技术为基础设施和实现工具的数字经济发展新形态。"互联网+"国家战略重点促进了以云计算、物联网、大数据、5G等为代表的新一代信息技术与现代制造业、生产性服务业等的融合、创新与变革，发展壮大了数字化新兴业态，打造了产业的新增长点，为"大众创业，万众创新"提供了平台和营商环境，为产业数字化、智能化、协同化提供了支撑，增强了经济社会发展动能，促进了国民经济提质、增效、升级。

随着数字经济与实体经济的融合发展，中国乡村数字化新生态、新业态、新模式蓬勃兴起，如数字乡村、数字小镇、农村淘宝、京东便利店、菜鸟乡村等，数字经济成为中国县域经济发展的新动能、新契机。然而，县域农业物流现有发展水平难以支撑县域经济数字化、智能化、协同化的快速发展趋势，物流成本高而效率低等老问题严重制约县域经济的可持续发展，亟待补短板、治乱象、求发展。因此，在经济相对落后、物流基础比较薄弱的条件下，探讨发展县域农业物流生态圈的必要性、可行性和紧迫性，剖析县域农业物流生态圈形成机理及其实现路径，寻求科学的、系统的、高效的县域农业物流发展方案，不仅是乡村振兴的战略方向和数字中国建设的重要内容，也是贯彻落实数字乡村发展战略亟待解决的重要课题之一。因此，本书以县域农业物流为研究对象，构建具有"推动一产，接二连三"功能的县域农业物流自组织协同演化模型，揭示其"形成→成长→成熟→衰退"的生命周期进程及其主体"协调→协作→协同"的跃迁式协同发展规律，探讨其协同发展模式和实现路径。

县域农业物流生态圈是数字经济驱动下县域农业物流高级有序的自组织形态，是在系统序参量的作用下协同演化的结果。本书主要观点如下。

（1）数字经济成为经济发展的新引擎。数字经济是县域经济高质量发展的重要支撑，数字经济与实体经济融合为县域农业物流跨越式发展提供了契机。随着数字经济与实体经济融合的不断深化，具有以人为本内涵的协同创新成为产数融合的主流创新范式和动力。

（2）打造县域农业物流生态圈是乡村振兴的战略方向和数字中国建设的重要内容。打造县域农业物流生态圈有助于数字中国建设和乡村全面振兴，有助于弥合城乡"数字鸿沟"与"坚持城乡融合"，有助于数字乡村"补短板"和"强基础"。

（3）县域农业物流生态圈是一个自组织的过程和行为。县域农业物流生态圈除具备自组织的开放性、竞协性、层次性、非线性、随机性等一般特征外，也具备作为一个社会经济范畴的开放式系统应有的自觉性、能动性、适应性和选择性等特性。

（4）县域农业物流生态圈具有时间性和空间性特征。从时间维度分析，县域农业物流生态圈的发展必然要经过"形成→成长→成熟→衰退"的过程；从空间维度分析，县域农业物流生态圈在组织上经过"独立组织→他组织→自组织→高级自组织"的过程。无论是时间维度还是空间维度，都会经历"协调→协作→协同"的跃迁过程。

（5）协同创新是县域农业物流生态圈的动力源。数字经济只是县域农业物流生态圈的外部驱动力，而技术创新及应用、资源跨界整合、制度机制创新和商业模式创新等所构成的多层次协同创新动力体系才是县域农业物流生态圈的原动力。去中介化、分散化和非物质化这三种数字化推动力是县域农业物流生态圈的直接动力。其中，实时匹配平台实现去中介化，可解决行业分散问题；众包交付等分散化作用可以实现灵活性；非物质化则可以减少商品流量。

（6）县域农业物流生态圈发展过程也是数字技术创新及应用过程。目前，各界高度重视高壁垒技术创新及应用，特别是数字技术的三种形态：数字化技术创新成果、专利和标准。县域农业物流生态圈协调跃迁、协作跃迁、协同跃迁三个阶段的要素层关键指标分别是数字技术的兼容性、市场发展的有序度、公共服务和管理水平。

县域农业物流生态圈并非外力"构建"而成的，而是以自组织方式"形成"的，即县域农业物流在与外部环境交互的过程中，通过内部主体、子系统的协同作用，自发地出现时间、空间和功能上的有序结构，并不断地演化成为高级有序的生态系统。本书主要的创新点如下。

（1）阐述县域农业物流生态圈自组织发展规律。针对城乡物流发展的"二元"形态和县域农业物流市场的"多元"无序竞争格局，以数字经济与物流业融合为契机，根据自组织原理，揭示县域农业物流生态圈发展规律：一是已具备发展条件的县域，适用一般发展规律；二是不完全具备发展条件的县域，适用跃迁（跨越式）发展规律；三是完全不具备发展条件的县域，适用"0→1"突破原理。根据此规律，县域农业物流生态圈市场主体可以掌握发展节奏，因地制宜，协同发展。

（2）针对高壁垒技术创新及应用竞争加剧的趋势，构建协同创新动力机制。县域农业物流市场数字化的过程也是数字技术创新及应用的过程。在高壁垒技术创新及应用竞争加剧的条件下，必须考虑技术创新及应用的兼容性、持续性、自主性和有效性。因此，本书在阐释政府制度机制创新、企业商业模式变革、数字技术创新及应用、资源跨界整合等协同创新动力作用机制的基础上，探讨协同发展不同阶段的动力匹配、培育和切换等核心问题，为县域农业物流生态圈发展提供多主体、多层次、可持续、高质量的新动能。

（3）提出县域农业物流生态圈协同发展模式、路径和策略。在阐述协同机理的基础上，构建县域农业物流生态圈协同发展的一般模式及衍生模式，从要求、条件、时机、要素等层面，探讨不同发展阶段的普适性问题和因地区发展差异产生的特殊性难题。应用决策矩阵分析法，遵循自组织发展规律，按照"机理→模式→路径→策略"的思路，从政府治理、市场竞争、资源整合、动力培育等路径，提出不同发展阶段协同化、数字化、智能化的实施策略，为县域农业物流生态圈发展提供新思路、新方法、新方案。

目　录

1 绪论 ··· 1
　1.1 研究背景 ·· 1
　　1.1.1 数字经济与中国数字化战略 ······················ 1
　　1.1.2 县域"互联网＋农业物流"数字化发展趋势 ······· 3
　1.2 研究问题和研究价值 ·· 4
　　1.2.1 研究问题 ··· 4
　　1.2.2 研究价值 ··· 6
　1.3 研究对象和研究内容 ·· 7
　　1.3.1 研究对象 ··· 8
　　1.3.2 研究内容 ··· 9
　1.4 研究方法和研究思路 ······································ 10
　　1.4.1 研究方法 ··· 10
　　1.4.2 研究思路 ··· 10
　1.5 创新点 ··· 11
　1.6 本章小结 ··· 12

2 理论基础与研究回顾 ··· 14
　2.1 自组织理论 ·· 14
　　2.1.1 自组织理论的主要构成 ··························· 14
　　2.1.2 自组织理论的主要方法 ··························· 16
　　2.1.3 主体协同关系 ··· 17

   2.1.4 动力系统 ································· 18
 2.2 协同创新理论 ····································· 19
   2.2.1 协同创新的概念 ······························ 19
   2.2.2 协同创新的特点 ······························ 20
   2.2.3 协同创新生态系统 ···························· 21
 2.3 熊彼特创新理论 ··································· 21
   2.3.1 熊彼特"创新"生产函数 ························ 22
   2.3.2 熊彼特"创新"的五种情况 ······················ 22
   2.3.3 熊彼特创新理论的主要观点 ···················· 23
 2.4 生态管理理论 ····································· 23
   2.4.1 生态管理理论的概念 ·························· 23
   2.4.2 生态管理理论的内容 ·························· 24
   2.4.3 生态管理理论的发展趋势 ······················ 25
 2.5 国内外相关研究综述 ······························· 26
   2.5.1 数字经济相关研究 ···························· 26
   2.5.2 数字化物流相关研究 ·························· 27
   2.5.3 县域农业物流相关研究 ························ 29
   2.5.4 农业物流生态圈相关研究 ······················ 31
   2.5.5 县域"互联网＋农业物流"相关研究 ············· 32
   2.5.6 研究评述 ···································· 35
 2.6 本章小结 ··· 37

3 县域农业物流生态圈概念模型与形成机理研究 ············· 38
 3.1 县域农业物流生态圈概念模型 ······················· 38
   3.1.1 县域农业物流生态圈及其子系统构成 ············ 38
   3.1.2 县域农业物流生态圈自组织概念模型 ············ 39
 3.2 县域农业物流生态圈自组织属性 ····················· 41
   3.2.1 县域农业物流生态圈自组织特征 ················ 41
   3.2.2 县域农业物流生态圈自组织内涵 ················ 42

目录

3.3 县域农业物流生态圈自组织协同演化 ·············· 47
    3.3.1 县域农业物流生态圈数字化生命周期 ············ 47
    3.3.2 县域农业物流生态圈数字化的自组织协同演化方程 ···· 50
    3.3.3 Langevin 方程求解及其特征根分析 ············· 54
3.4 县域农业物流生态圈数字化的系统相变原理 ··········· 56
    3.4.1 协调跃迁 ························· 56
    3.4.2 协作跃迁 ························· 58
    3.4.3 协同跃迁 ························· 59
3.5 县域农业物流生态圈数字化的自组织协同演化 ·········· 61
    3.5.1 数字化技术创新的空间组织形式 ·············· 61
    3.5.2 数字化技术创新及应用的空间分布测度 ··········· 66
    3.5.3 数据网络的空间关系 ··················· 70
3.6 县域农业物流生态圈主体的数字化协同关系 ············ 72
    3.6.1 县域农业物流生态圈主体的协同关系 ············ 72
    3.6.2 县域农业物流生态圈主体的数字化生态关系 ········ 75
3.7 县域农业物流生态圈协同发展动力机制 ·············· 77
    3.7.1 县域农业物流生态圈的动力形成机制 ············ 78
    3.7.2 县域农业物流生态圈的动力实现机制 ············ 78
    3.7.3 县域农业物流生态圈的动力作用机制 ············ 80
    3.7.4 县域农业物流生态圈协同发展动力机制的关系 ······ 81
3.8 本章小结 ····························· 82

4 县域农业物流生态圈协同演化的影响因素研究   84
4.1 主要影响因素的钻石模型构建 ··················· 84
    4.1.1 波特钻石模型简介 ···················· 84
    4.1.2 基于波特钻石模型的主要影响因素分析 ··········· 85
    4.1.3 主要影响因素的钻石模型 ················· 88
    4.1.4 影响因素与关键指标分析 ················· 88
4.2 县域农业物流生态圈协同演化影响因素的最终确立 ········ 92
    4.2.1 影响因素的专家认可度评价 ················ 92

4.2.2 影响因素的最终判定 ··· 93
4.2.3 各相关指标的解释 ··· 94
4.3 影响因素指标体系的层次分析 ··· 96
4.3.1 影响因素指标体系层次分析总体思路 ······································· 97
4.3.2 统计调查表的设计 ··· 101
4.4 县域农业物流生态圈协同演化三个阶段的影响因素权重 ················ 102
4.4.1 协调跃迁阶段的指标权重 ··· 102
4.4.2 协作跃迁阶段的指标权重 ··· 105
4.4.3 协同跃迁阶段的指标权重 ··· 107
4.4.4 关键影响因素评述 ··· 110
4.5 本章小结 ··· 110

5 县域农业物流生态圈的协同发展模式与实现路径分析 ·············· 111
5.1 县域农业物流生态圈的协同发展模式 ·· 111
5.1.1 县域农业物流生态圈协同发展一般模式 ································· 111
5.1.2 协同发展衍生模式 ··· 116
5.2 单一主体与多主体数字化物流协同发展模式比较 ···························· 119
5.2.1 模型边界界定 ··· 119
5.2.2 系统因果反馈图 ··· 120
5.2.3 动力学流图及函数方程 ··· 124
5.2.4 系统模型效度测试 ··· 135
5.2.5 县域农业物流生态圈动态仿真模拟 ··· 137
5.3 协同发展的实现路径 ·· 139
5.3.1 政府治理路径 ··· 139
5.3.2 市场竞争路径 ··· 141
5.3.3 资源整合路径 ··· 142
5.3.4 动力培育路径 ··· 145
5.4 本章小结 ··· 145

6 结论、策略建议与展望 …… 147
6.1 主要结论及策略建议 …… 147
6.1.1 主要结论 …… 147
6.1.2 策略建议 …… 148
6.2 研究展望 …… 150
6.2.1 研究的局限 …… 150
6.2.2 未来的研究方向 …… 151

附录1 …… 153

附录2 …… 156

参考文献 …… 163

1 绪 论

数字化已经成为我国经济社会更好发展的重要推动力，也为中国县域经济社会实现跨越式发展提供了新的历史机遇。党的十九大提出了建设网络强国、数字中国、智慧社会的重要战略决策和行动方案。县域经济社会数字化是乡村振兴的战略方向，也是建设数字中国的重要内容。

1.1 研究背景

随着数字经济与实体经济的融合发展，中国县域数字化新生态、新业态、新模式蓬勃兴起，如数字乡村、数字小镇、农村淘宝、京东便利店、菜鸟乡村等，数字经济成为中国县域经济发展的新动能、新契机。在县域经济相对落后、物流基础薄弱的条件下，探讨发展县域农业物流生态圈的必要性、可行性、紧迫性，剖析县域农业物流生态圈的形成机理及其实现策略，寻求县域农业物流生态圈发展方案，不仅是乡村振兴的战略方向和数字中国建设的重要内容，也是贯彻落实数字乡村发展战略亟待解决的重要课题之一。

1.1.1 数字经济与中国数字化战略

传统社会中县域社会发展受制于信息闭塞、教育滞后等不利因素，进入信息社会以后，数字经济逐渐缩小了城乡间的数字鸿沟，为县域的社会培育和发展提供了前所未有的支撑。县域数字化是伴随网络化、信息化和数字化在农业农村经济社会发展中的应用，以及农民现代信息技能的提高而内生的农业农村现代化发展和转型进程，既是乡村振兴的战略方向，也是建设数字中国的重要内容。

（1）数字经济成为经济发展的新引擎。数字经济已经成为全球经济发展的新引擎，中国数字经济发展潜力巨大，数字经济未来将成为打开第四次工业革命之门的"钥匙"。发展数字经济，将催生新业态、重塑创新链、重构产业链。数字经济与实体经济深度融合，能够推动经济结构战略性调整，加快新旧动能转换，实现更高质量、更有效率、更加公平、更可持续的发展。

（2）数字经济是经济高质量发展的重要支撑。1996年，美国学者唐·泰普斯科特（Don Tapscott）在《数字经济时代》中正式提出数字经济的概念，指出全球经济将从信息经济时代进入数字经济时代。以互联网、云计算、大数据等为代表的互联网技术在各行业的创新应用，推动效率提升、产品增值、流程再造、管理创新等，衍生出诸多新理念、新业态、新机制、新模式等，重塑生产方式、服务模式和组织形态，重构价值范式和价值体系，呈现基础设施在线化云端化、产业组织平台化生态化、经济活动分享化普惠化、产业形态融合化服务化、数字消费多元化精准化五大趋势。工信部公布的数据显示，网络提速降费有力支撑了经济社会数字化转型。国家互联网信息办公室印发的《数字中国建设发展进程报告（2019年）》指出，2019年我国数字经济保持快速增长，质量效益明显提升，数字经济增加值规模达到35.8万亿元，占国内生产总值（GDP）的比重达到36.2%，对GDP增长的贡献率为67.7%。数字经济结构持续优化升级，产业数字化增加值占数字经济的比重达80.2%。

（3）数字经济与实体经济融合为传统产业跨越式发展提供契机。《世界互联网大会蓝皮书（2018）》指出，数字经济包括数字产业化和产业数字化两部分。数字产业化即信息技术经济范式向数字技术经济范式转变，不仅包括信息产业部门的生产与供给转变，还包括互联网平台信息技术服务新业态、新模式；产业数字化即产数融合，主要是指数字经济与实体经济深度融合，倒逼传统产业数字化变革。由于数字技术创新具有跳跃式发展的特点，数字经济与实体经济深度融合不仅使具有网民优势、后发优势和制度优势的中国实现了数字经济跨越式发展，也为传统产业在基础设施建设不完善、工业现代化未完成的条件下实现跨越式发展提供了难得的契机。

（4）协同创新是数字经济与实体经济融合的动力。随着数字经济与实体经济融合的不断深化，具有以人为本内涵的协同创新成为产数融合的主流创新范式和动力。各领域创新主体在沟通、协调、合作与协作进程中，通过数字技术创新与融合，突破创新主体间的壁垒，跨界汇聚创新资源，释放创新要素活力，带动生产、流通和消费等领域持续创新，不断涌现新业态、新模式。目前，数字经济与实体经济融合的主战场正从消费领域向生产、流通领域转移，在政府制度机制创新、企业商业模式变革、跨界资源整合、技术创新等创新活动的共同作用下，产生了共享经济、平台经济、社群经济等新业态，以及数字制造、数字农业、数字物流、数字旅游、移动支付、区块链等新模式。

1.1.2 县域"互联网+农业物流"数字化发展趋势

县域经济的数字化转型不是一道选择题，而应成为乡村振兴和数字中国建设的一项长期战略行动。在政策引导下，农村物流体系建设取得了一定的成绩。例如，基础设施建设有序推进，与物流相配套的道路、仓储、运输、冷链设施等建设初具规模；农村物流运营模式不断创新，相关行业企业不断创新发展，逐步探索适合本企业特点、符合本区域行业产业特色的乡村物流运作模式。然而，传统物流业发展方式难以支撑县域经济数字化、智能化、协同化的快速发展趋势，物流成本高而效率低等老问题严重制约县域经济的可持续发展，亟待补短板、治乱象、求发展。《数字乡村发展战略纲要》明确提出了我国数字乡村发展的战略目标，全面勾画了未来30年县域经济社会发展道路与基本思路，是进一步贯彻落实《中共中央、国务院关于实施乡村振兴战略的意见》《乡村振兴战略规划（2018—2022年）》《国家信息化发展战略纲要》的总体方案和路线图。

（1）县域经济数字化助力数字中国建设和乡村全面振兴。《数字乡村发展战略纲要》提出了四个阶段性战略目标。一是"到2020年，数字乡村建设取得初步进展。全国行政村4G覆盖率超过98%，农村互联网普及率明显提升"。二是"到2025年，数字乡村建设取得重要进展。乡村4G深化普及、5G创新应用，城乡'数字鸿沟'明显缩小"。三是"到2035年，数字乡村建设取得长足进展。城乡'数字鸿沟'大幅缩小……农业农村现代化基本实现，城乡基本公共服务均等化基本实现"。四是"到本世纪中叶，全面建成数字乡村，助力乡村全面振兴"。前两个阶段体现了补短板和强基础的短期目标，后两个阶段体现了创新与均衡发展的中长期目标。

（2）县域经济数字化有助于弥合城乡"数字鸿沟"与"坚持城乡融合"。《数字乡村发展战略纲要》提出"着力发挥信息技术创新的扩散效应、信息和知识的溢出效应、数字技术释放的普惠效应"，"着力弥合城乡'数字鸿沟'"，其实质是强调更好地运用科技创新的普惠效应及其创新体制机制的综合性政策效应。同时指出要"坚持城乡融合，创新城乡信息化融合发展体制机制，引导城市网络、信息、技术和人才等资源向乡村流动，促进城乡要素合理配置"。要让广大农民群众更好地分享经济发展、信息化发展成果，以此提高农村地区居民生活质量，"让农业成为有奔头的产业，让农民成为有吸引力的职业"，同时也更有利于促进城乡的均衡发展。

（3）实现县域经济数字化，"补短板"和"强基础"是关键。《数字乡村发展战略纲要》提出，加快推动农村地区水利、公路、电力、冷链物流、农业生产加工等基础设施的数字化、智能化转型，推进智慧水利、智慧交通、智能电网、智慧农业、智慧物流建设。重点要"补齐农村基础设施这个短板"，抓好"县域农业物流、宽带网络"等基础建设，逐步建立全域覆盖、普惠共享、城乡一体的基础设施服务网络。数字经济已经深刻融入我国经济社会各领域，成为推动县域经济社会发展质量与效率提升的驱动力。

1.2 研究问题和研究价值

县域农业物流一直是县域经济社会发展的"短板"，是亟待解决的"三农"问题之一。随着电子商务、大数据驱动模式、生态链模式等基于数字经济的新模式逐渐往乡村市场下沉，产数融合的县域农业物流蓝海市场逐渐显现，县域农业物流市场协同创新活动也开始活跃。在梅特卡夫定律、摩尔定律、达维多定律这三大定律的支配下，县域农业物流产数融合的协同化、数字化、智能化趋势益发明显，引发县域农业物流所包含的"四功能流，五结构链"的深刻变革。

1.2.1 研究问题

随着电子商务等基于数字经济的新业态、新模式在我国县域蓬勃兴起，县域农业物流的"短板"效应凸显，成为亟待解决的"三农"问题之一。构建能切实满足农村市场需求的高效率、低成本、规模化、标准化、信息化、规范化的农村物流体系，以及推进农业供给侧结构性改革，已成为实施乡村振兴战略的关键所在。

（1）县域农业物流存在的问题。县域农业物流发展仍处于初级阶段，最为突出的表现是物流基础薄弱与有效供给不足，导致农村物流成本过高、效率低下，不能满足县域广大消费者对标准化、规范化、规模化、信息化、现代化物流的需求。县域农业物流发展主要瓶颈如表1-1所示。

表1-1　县域农业物流发展主要瓶颈

发展瓶颈	主要表现	形成原因
服务质量不高	时效性差	交通拥堵和天气恶劣
	包裹易损坏	不规范装载和投递损坏
	配送人员服务态度差	计件工资和人身安全
配送成本高	企业利润微薄	信息可追溯性差
		送货地址分享程度低
		批量小、频率高

资料来源：作者根据多方资料整理而成。

第一，县域农业物流多批次、多频次、小规模。县域小规模与分散化的农户经营，对物流规模化与标准化运作形成了客观限制，使规模效应难以发挥。

第二，政府在资源整合和共享层面对县域农业物流体系缺乏统筹规划，导致资源形成与利用效率不高。行业主管部门之间、各主体企业之间的资源整合还处于初级阶段，物流资源整合的具体运作和流程再造、科学合理的物流业绩评价标准的制定等相关工作仍未得到有效落地。

第三，县域农业物流经营主体培育不够，没有形成龙头企业的带动效应。由于农村物流市场化程度低，缺少标准化产品，导致市场难以出现品牌影响力大、集聚能力强的龙头企业。

第四，县域规范化、标准化与信息化发展滞后，资源共享不足。县域农业物流企业普遍缺乏现代物流意识和先进物流管理理念，物流服务的规范化、专业化、标准化等程度低，难以为企业、农户提供综合性、规范性、全方位的物流服务。县域物流信息平台建设缺乏有效的整合，资源难以实现共享。

第五，县域农业物流人才稀缺，智力支持不够。政府和企业不重视智库建设，不仅相应的资金投入不足，而且缺乏对智库报告的有效利用。

（2）研究主要目的。针对目前县域农业物流存在的基础薄弱、数字化程度低、物流成本高、效率低等问题，围绕县域农业物流生态圈构建，确定以下四个方面的研究目的。

第一，揭示协同形成机理。构建自组织发展理论模型，通过剖析县域农业物流生态圈发展规律、主体协同关系相变原理、协同创新动力机制，揭示协同形成机理，构建县域农业物流数字化生态圈。

第二，研究关键影响因素。论证协同发展模式是发展县域农业物流的有效新模式，以期理顺市场主体关系，明确发展方向和方式，激发协同创新动能，推动县域农业物流向协同化、数字化、智能化方向发展。

第三，剖析协同发展模式。剖析多主体、多层次、多阶段的协同发展一般模式及衍生模式，为发展县域农业物流生态圈提供可行的方案和方法指导，破解因地区发展差异而产生的特殊难题。

第四，探讨实施策略。探讨县域农业物流生态圈的实现路径与实施策略，促进政府政策制定的精准性和连续性，助力企业不断从县域农业物流市场细分中发现蓝海市场。

1.2.2 研究价值

县域农业物流是县域行政区域内生活资料、生产资料和农产品等流通的主要载体，具有"推动一产，接二连三"的重要作用，是县域经济和社会可持续发展的先行工程。为提升县域农业物流技术化、标准化、信息化、集约化水平，需整合多方力量协同构建切实满足农村市场需求的高效率、低成本、规模化、标准化、信息化、规范化的农村物流体系，这已成为实施乡村振兴战略和建设数字乡村的关键所在。

（1）理论价值。结合数字经济、中国的数字化战略和县域农业物流的数字化发展趋势，应用自组织理论，构建自组织协同演化模型，探索县域农业物流生态圈协同创新动力机制，揭示县域农业物流生态圈自组织发展的一般规律和跃迁规律，具有重要的理论价值。

第一，构建了县域农业物流生态圈理论分析模型。把县域农业物流生态圈作为一个开放性的经济自组织系统，将县域农业物流原有的平面化"网链"结构拓展为开放式生态"圈层"结构，构建县域农业物流生态圈协同发展自组织理论模型。从时间和空间两个维度分析县域农业物流生态圈市场主体的协同关系，阐述其发展进程和发展动力，为广大县域因地制宜地发展智慧物流提供一个具有实用价值的理论模型。

第二，探究了多层次协同创新动力系统。以数字经济与县域农业物流产业融合为契机，以培育县域农业物流发展新动能为抓手，探究县域农业物流生态圈的形成机理和多层次协同创新动力，为新时代、新经济下县域农业物流的现代化建设提供决策理论依据。

（2）实践价值。本书阐述了多主体、多层次、多阶段县域农业物流生态圈协同发展模式，为县域农业物流的规划和建设提供了新视角、新思路、新方法，具有较高的实际应用价值。

第一，与政策同步。县域农业物流生态圈理论模型契合 2019 年中央 1 号文件提出的"实施数字乡村战略"的精神，有助于政府有关部门通过制度机制创新，科学规划县域农业物流产业园、冷链物流等基础设施，解决农产品销售等突出的物流问题，加快推进县域农业物流现代化建设。

第二，提供了转型升级路径与蓝海市场。县域农业物流生态圈为县域农业物流服务商、数字技术服务商、金融机构、农资服务商、农户等提供了一个转型升级的路径，以及一片跨界资源整合的"蓝海"，有助于县、乡（镇）、村三级物流网络布局和物流市场集聚发展，实现县域农业物流精准配送，降低物流成本，提升物流服务水平，提高物流效率。

1.3 研究对象和研究内容

本书以自组织理论、熊彼特创新理论等为指导，从时间与空间两个维度出发，研究"互联网+县域农业物流"发展过程中的数字化协同发展规律，探寻技术、市场、政府、企业四个层面的主要影响因素，结合市场机制和法定机制，深入研究县域农业物流生态圈的数字化协同发展模式及其实现的要求、条件、时机、要素等。

1.3.1 研究对象

本书在总结菜鸟县域智慧物流等试点发展情况的基础上，把县域农业物流作为研究对象，探讨"互联网＋县域农业物流"的主体（政府、物流服务商、互联网服务商、金融机构、农资服务商、消费者、生产者、农户、供应商等）之间的协同发展关系以及客体（主体所拥有的设施、设备、资金、技术、人才等资源）的空间布局、功能优化和结构调整等问题，并探讨县域农业物流生态圈形成机理、模式、实现路径与策略等问题。

研究对象县域农业物流生态圈是农村物流、农业物流和农产品物流等在县、乡（镇）、村行政区划内的交集。县域农业物流作为一个开放性的经济系统，具有自组织属性，其主体、要素、功能、结构如图1-1所示。

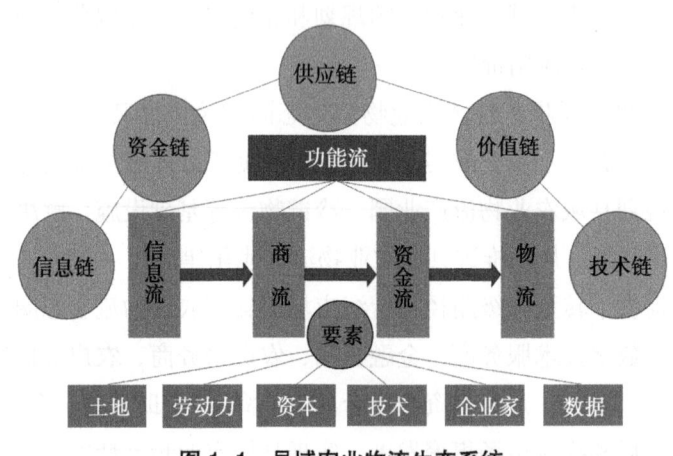

图1-1 县域农业物流生态系统

（1）系统主体。主体包括政府部门、物流服务商、农资服务商、金融机构、数字技术服务商等。

（2）系统要素。系统要素是主体所拥有的无形和有形资源，包括土地、劳动力、资本、技术、企业家、数据。

（3）系统功能。系统功能是信息流、商流、资金流与物流（简称"四功能流"）之间的协同运作能力。

（4）系统结构。系统结构是由信息链、资金链、供应链、价值链、技术链

（简称"五结构链"）无缝对接形成的协同组织结构。

1.3.2 研究内容

本书以县域农业物流生态圈为核心内容，构建具有"推动一产，接二连三"功能的县域农业物流自组织协同演化模型，揭示其"形成→成长→成熟→衰退"的生命周期进程及其主体"协调→协作→协同"的跃迁式协同发展规律，探讨其协同发展模式和实现路径。本书主要内容如下。

第一章：绪论。明确本书的研究背景、问题、目的、价值、对象内容、方法和思路，并阐述主要创新点。

第二章：理论基础与研究回顾。介绍本书理论基础，即自组织理论、协同创新理论、熊彼特创新理论和生态管理理论；对有关数字经济、物流数字化核心框架、物流"数字下乡"、县域农业物流生态圈的模式与策略等的文献进行梳理、评述。

第三章：县域农业物流生态圈概念模型与形成机理研究。在阐述县域农业物流生态圈自组织属性的基础上，提出县域农业物流生态圈自组织概念；从时间维度分析县域农业物流生态圈的生命周期进程及其主体"协调→协作→协同"的跃迁（相变）规律；从空间维度分析县域农业物流生态圈行为的空间组织形式、分布和网络化关系；以数据为新的生产要素，探讨县域农业物流生态圈主体在数字化过程中的协同关系。

第四章：县域农业物流生态圈的影响因素研究。归纳县域农业物流生态圈主体"协调→协作→协同"跃迁三阶段的影响因素，通过理论模型构建、问卷开发、数据收集、层次分析等步骤，找出跃迁各阶段的关键影响因素。

第五章：县域农业物流生态圈的协同发展模式与实现路径分析。构建协同发展一般模式及衍生模式；探讨模式适用的具体要求、条件、时机、要素等关键性问题。

第六章：结论、策略建议与展望。总结全书的基本结论和创新之处，针对全书所做的分析和研究内容的不足之处，展望后续研究的方向和前景，提出相应的研究建议。

1.4 研究方法和研究思路

本书按照"发现问题→理论分析→实证分析→解决问题"的逻辑，运用技术经济、管理、法律、统计和数学等不同学科的理论与方法，对县域农业物流生态圈的形成机理、模式、路径、实施策略进行研究。

1.4.1 研究方法

县域农业物流的数字化不仅涉及政策法律方面的问题，也涉及技术问题、管理问题。就本书而言，具体研究方法主要包括以下几个。

（1）自组织理论分析法。应用自组织理论揭示县域农业物流生态圈的过程和行为的协同演化规律及其主体"协调→协作→协同"的跃迁过程。

（2）系统动力学分析法。采取系统动力学因果关系法和流图法，应用Vensim系统动力学软件，直观、形象、程序化地推演县域农业物流生态圈主体的作用机理。

（3）层次分析法。对选定的典型县域进行问卷调查，收集一手数据。采用结构方程模型对调研数据进行实证分析，探析发展县域智慧物流的关键影响因素。

（4）波士顿矩阵分析法。以数字化程度为横轴、物流效率为纵轴构建波士顿矩阵，推导不同路径下的协同发展衍生模式。

（5）决策矩阵分析法。以"形成→成长→成熟"的协同演化进程为时间横轴线，从政府、企业、技术、市场四个层面探讨具体实现路径与实施策略。

1.4.2 研究思路

本书按照"概念模型→形成机理→影响因素→实现路径→协同模式→创新策略"的研究思路，探寻县域农业物流生态圈的形成机理、协同模式与数字化策略，如图1-2所示。

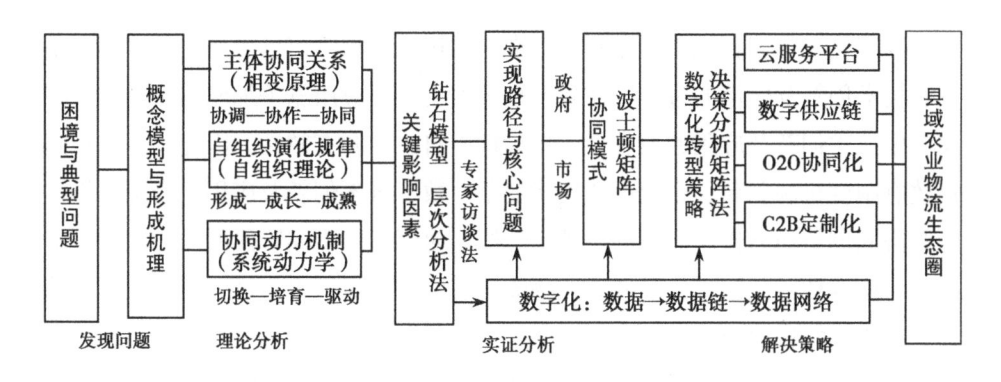

图 1-2　研究思路

1.5　创新点

县域农业物流生态圈并非外力"构建"成的，而是以自组织方式"形成"的，即县域农业物流在与外部环境交互的过程中，通过内部主体、子系统的协同作用，自发地出现时间、空间和功能上的有序结构，并不断地演化成为高级有序的生态系统；"互联网+"的经济形态——数字经济只是县域农业物流生态圈的外部驱动力，而技术创新及应用、资源跨界整合、制度机制创新和商业模式创新等所构成的多层次协同创新动力体系才是县域农业物流生态圈的原动力；协同发展是县域农业物流作为一个系统发生跃迁（相变），奔向更高级有序的协同发展，而非外部力量"构建"的协同发展。基于这三点认识，本书主要的创新点如下。

（1）阐述县域农业物流生态圈自组织发展规律。针对城乡物流发展的"二元"形态和县域农业物流市场的"多元"无序竞争格局，以数字经济与物流业融合为契机，根据自组织原理，揭示县域农业物流生态圈发展规律：一是已具备发展条件的县域，适用一般发展规律；二是不完全具备发展条件的县域，适用跃迁（跨越式）发展规律；三是完全不具备发展条件的县域，适用"0→1"突破原理。根据此规律，县域农业物流生态圈市场主体可以掌握发展节奏，因地制宜，协同发展。

（2）针对高壁垒技术创新及应用竞争加剧的趋势，构建协同创新动力机制。目前，各界高度重视高壁垒技术创新及应用，特别是数字技术的三种形态：数字化技术创新成果、专利和标准。县域农业物流市场数字化的过程也是数字技术创新及应用的过程。在高壁垒技术创新及应用竞争加剧的条件下，必须考虑技术创新及应用的兼容性、持续性、自主性和有效性。因此，本书在阐释政府制度机制创新、企业商业模式变革、数字技术创新及应用、资源跨界整合等协同创新动力作用机制的基础上，探讨协同发展不同阶段的动力匹配、培育和切换等核心问题，为县域农业物流生态圈发展提供多主体、多层次、可持续、高质量的新动能。

（3）提出县域农业物流生态圈协同发展模式、路径和策略。在阐述协同机理的基础上，构建县域农业物流生态圈协同发展的一般模式及衍生模式，从要求、条件、时机、要素等层面，探讨不同发展阶段的普适性问题和因地区发展差异产生的特殊性难题。应用决策矩阵分析法，遵循自组织发展规律，按照"机理→模式→路径→策略"的思路，从政府治理、市场竞争、资源整合、动力培育等路径，提出不同发展阶段协同化、数字化、智能化的实施策略，为县域农业物流生态圈发展提供新思路、新方法、新方案。

1.6　本章小结

本章主要介绍本书研究背景、问题、目的、价值、对象、内容、方法、思路和创新点等内容。

（1）研究背景。主要介绍数字经济成为经济发展的新引擎以及数字乡村、数字中国、乡村振兴战略等内容。

（2）研究问题与研究价值。研究的主要问题是乡村如何抓住数字经济与产业融合的契机，改变县域农业物流需求飙升但效率低下的局面。

（3）研究对象与研究内容。以县域农业物流为研究对象，研究其数字化发展问题。

（4）研究方法与研究思路。主要有自组织理论分析法、系统动力学分析法、层次分析法、波士顿矩阵分析法、决策矩阵分析法。按照"概念模型→形成机理→影响因素→实现路径→协同模式→创新策略"的研究思路，探寻数字经济驱动下县域农业物流生态圈协同的形成机理、模式与策略。

（5）创新点。一是阐述县域农业物流生态圈自组织发展规律；二是针对高壁垒技术创新及应用竞争加剧的趋势，构建协同创新动力机制；三是提出县域农业物流生态圈协同发展模式、路径和策略。

2 理论基础与研究回顾

本书以自组织理论、熊彼特创新理论等为理论基础,从时间和空间维度剖析县域农业物流生态圈的发展规律、模式、路径。因此,在深入研究之前有必要对相关知识和前人研究成果进行梳理。

2.1 自组织理论

自组织理论最早可以追溯到 20 世纪 60 年代,是由 L.Von Bertalanfy 的系统理论发展起来的。它的研究对象主要是复杂自组织系统的形成和发展机制,认为在一定条件下,该系统的组成不需要通过外部指令,而是按照相互默契的某种规则,各尽其责而又协调自动地形成有序结构,它是由无序走向有序,由低级有序走向高级有序的。自组织理论主要由三个理论组成,包括耗散结构理论、协同理论和突变理论。这些理论从不同的角度解释了自组织的形成。耗散结构理论是从条件方法论的角度研究自组织的形成,协同理论是从动力学方法论的角度研究自组织的形成,而突变理论是从演化途径方法论的角度研究自组织的形成。

2.1.1 自组织理论的主要构成

自组织理论主要由三个部分构成:耗散结构理论、协同理论、突变理论。以下展开具体论述。

(1) 耗散结构理论:系统熵的状态描述。该理论强调系统需要满足远离平衡态、非线性、开放的条件。所谓远离平衡态,是指系统内部各部分的物质和能量分布是极不平衡的,差异很大;多组分、多层次的开放系统只有处于远离平衡的非线性区,才有可能经涨落的触发,从无序突变为稳定有序的时空结构。非线性区有两个特征:一是突变、飞跃的临界点所在,放大微涨落为巨涨落，使热力学分支失稳；二是存在可逆和不可逆两种不同的趋势。开放则是指系统能够与外界进行能量交换，使系统进入相对有序的状态。

为解释这个问题，普利高津从热力学第二定律出发，引入"熵"的概念，认为系统的熵增量是由系统内的熵和与系统外界相互交换的熵组成，尤其是在外界注入的熵为负的情况下，只要这个负熵流足够强，就能使系统从无序进入有序的耗散结构状态。

（2）协同理论：系统序参量的决定作用。序参量是描述系统宏观有序度或宏观模式的状态参量，在整个系统从无序向有序运行的过程中处于主导地位，具有决定性的作用。

在一个复杂的、开放的巨系统中，其子系统一般都能够进行自发的无规则运动，从而产生相互作用力，形成某种关联协同运动。刚开始，由于子系统间的关联性比较弱，难以控制子系统自发地进行无规则运动，所以系统整体呈现出宏观无序状态。当各子系统间的关联性加强时，子系统的无规则运动能力相对减弱，子系统间的关联作用胜过子系统的独立运动，关联作用开始起主导作用，引导各子系统协同运动。

此时，某些控制参量（序参量）已逐步逼近或达到"阈值"，打破子系统的平衡状态，主宰着系统呈现出有序的结构。

（3）突变理论：系统跃迁。系统的整体性"跃迁"即突变，具有过程连续而结果不连续的属性。突变理论研究系统从一种稳定状态跃迁到另一种稳定状态的相变规律，一般应用于认知、揭示和预测开放式复杂巨系统从渐变、量变发展为突变、质变的过程。

突变理论提供了一种研究系统跃迁、不连续性和突然质变的普通适应性方法，通过建立突变模型进行诠释分析，如尖点突变模型。突变模型通常包括结构稳定性、动态稳定性和临界集等常微分方程要素，具有以下五个基本特征。

第一，多模态。系统在同一控制参数的作用下，出现两个或多个不同的状态，即系统的位势对于控制参数的某些范围可能有多个极小值。

第二，不可达性。意味着系统有不稳定的平衡位置，这些位置是不可微的，稍纵即逝。

第三，突跳。这是最常观察到的也是最容易让人联想到突变理论的特征，控制参量有微小的变化都会引起状态变量巨大的变化，从而导致系统从一个局部极小点突变到另一个局部极小点。

第四，发散。对于连续平滑的变化，控制参数微小的扰动仅引起状态变量的微小增量。但在退化点邻域内，参量的微小变化将导致状态变量很大的变化，这种不稳定性称为发散。

第五，滞后。物理过程并非严格可逆，平衡曲面两状态间在转换和逆转换时，控制参数变化的路径不同。如果系统处于平衡状态，系统会趋于获得一种理想的稳定状态，或者说至少某种定义范围内处于相对稳定的状态。如果系统受到外界环境的作用，系统起初将试图通过反作用来吸收外界压力。如果可能的话，系统随之将恢复原先的理想状态。如果变化力量过于强大，而不可能被完全吸收，突变（Catastrophic Change）就会发生，系统随之进入另一种新的稳定状态，或另一种状态范围。在这一过程中，系统不可能通过连续性的方式回到原来的稳定状态。

2.1.2　自组织理论的主要方法

自组织理论主要研究远离平衡态的开放系统在与外界有物质或能量交换的情况下，如何通过自己内部的协同作用，自发地出现时间、空间和功能上的有序结构。协同理论以现代科学的新成果——系统论、信息论、控制论、突变论等为基础，吸取了结构耗散理论的大量精华，采用统计学和动力学相结合的方法，通过对不同领域的分析，提出了多维相空间理论，建立了一整套数学模型和处理方案，在从微观到宏观的过渡上，描述了各种系统和现象从无序到有序转变的共同规律。

（1）自组织的协同动力学方法论。第一，竞争使系统趋于非平衡，它是自组织的首要条件，协同则在非平衡的条件下使子系统中的某些运动趋势联合起来并加以放大，从而使之占据优势地位，支配系统整体的演化。整个系统通过竞争和协同产生序参量，序参量一方面通知各子系统如何运动，另一方面告诉观察者系统的宏观有序态情况，从而反过来支配整个子系统，这便是系统运动的整个过程。由此可见，当协同系统中存在大量子系统时，应该鼓励子系统在接受外部物质、能量和信息的基础上展开竞争。

第二，协同还强调了合作，通过合作能够使某些子系统的优势自发地、自主地形成。

第三，强调由序参量支配整个系统运作的自组织过程，在序参量支配的规律下，系统实现由无序向有序演化的动力学过程。

（2）自组织演化路径。方法论认为，在系统的临界点或临界区域，可能会出现完全不同的演化结局：一是该系统呈现突变，这是由于任一微小的涨落都可能迅速被放大为波及整个系统的巨涨落；二是该系统的演化呈现渐进性，即系统演化发展的路径基本可以预测。

在研究县域农业物流生态圈形成机理和协同策略时，自组织的方法论要求我们必须从整体出发，把县域农业物流生态圈形成过程看作一个复杂的自组织演化的过程和行为。

2.1.3 主体协同关系

协同指的是系统中各个部分或者要素之间相互作用，从而形成统一整体的过程。1977年，哈肯首次提出了协同理论，认为协同是远离平衡态的开放系统中具有差异性的组分之间相互协调、补充，自组织地产生出系统的有序时空结构和功能，或从一种有序状态走向新的更高的有序状态的行为。协同是自组织行为产生的重要条件。随后，安索夫分析了协同将企业的多种业务有机联系在一起的原理，增加了协同经济学方面的含义，为企业有效利用资源和优势以实现目标提供了指导。协同是指子系统通过相关的交流，包括资源、信息等方面的交流与学习，达到自身无法达到的高度，产生整体效益。若达到系统协同效果，将会形成一种超越个体自身的聚合效果。不稳定性、序参量和役使原理是协同理论在应用中的基本原理。由于系统包含各种子系统，子系统之间会存在利益矛盾，因此存在不确定性。在不确定性的作用下，结构会产生改变，形成序参量。

序参量作为协同理论的基本概念，又被称作慢变量，是使系统脱离旧秩序，转向新秩序的变量。序参量一旦通过自组织产生就会取得支配地位，从而主宰整个系统的演化，形成方向一致的整体运动。当系统出现扰动状态时，序参量会展开相互竞争，最终只有一个序参量主宰整个系统，达成协同一致的有序局面，形成系统的目标有序、组织有序和功能有序。范如国（2014）认为，社会能否协调发展取决于核心主体（序参量）的力量及各社会主体之间的协同能力，而主体协同包括四个方面：一是有一个核心主体（序参量）是重要的，其发挥的作用超过其他主体，这个核心主体会主导治理的方向；二是其他主体对核心主体给予配合，它们之间的关系是一个动态的协作过程；三是治理的过程也是协商的过程，并不总是其他主体对核心主体服从的过程，而是经常会互换角色。

2.1.4 动力系统

自组织理论是研究复杂动态系统发展演化的一种理论，它将特定条件下系统由无序结构向有序结构演化的过程作为研究对象，试图探索出系统由低级状态向高级状态演化的方式和路径。自组织理论经过逐步发展完善，现已包括耗散结构理论、突变理论、混沌理论、演化路径理论、协同理论以及协同动力理论。本书将县域农业物流生态圈形成机理和协同策略作为研究对象，主要利用协同理论以及协同动力理论，构建我国县域农业物流生态圈的协同创新动力机制，对我国县域农业物流生态圈向协同化、数字化、智能化的转型升级进行研究。

协同理论认为，系统内各子系统之间的协同是自组织演化的基础，系统内各子系统之间既竞争又协同，两者相互作用，缺一不可。相比协同理论，协同动力理论更注重对系统自组织演化的动力学过程进行研究，认为系统内部各子系统之间需通过竞争形成相互作用的巨大网络，但合作必不可少，甚至合作的力量应大于竞争，这样才能使协同自发产生的优势形成巨大的张力，进而形成序参量。

在协同理论中，自组织和他组织都表示某种过程或操作，两者的区别在于组织动力是来自系统内部还是来自系统外部。自组织的组织动力来自系统内部，他组织的组织动力来自系统外部。按照哈肯的表述：如果系统在发展演化的过程中没有受到外部力量的干预，那么我们可以说系统是自组织发展的。类似地，如果系统是在外界力量的强制作用下取得发展的，我们便说系统是他组织发展的。自组织具有系统自发性，而他组织则具有某种强制性。

因此，结合自组织和他组织的特点，可以说县域农业物流生态圈的形成和发展就是自组织和他组织相结合的过程。

2.2 协同创新理论

协同理论使用协同方法解释自然科学现象，其基本研究理论已经得到了广泛的系统性研究和实践的验证。进入 21 世纪以后，协同理论逐渐发展成为一种普适性研究方法，在社会科学研究，尤其是创新管理研究中被普遍使用，研究的广度不断扩充，研究的深度也逐渐加深。协同创新作为协同理论在管理科学和创新管理中的重要研究分支，产生了一系列新理论与新观点。

2.2.1 协同创新的概念

现有协同创新理论对协同创新内涵的分析主要从协同创新的目标、参与主体、主体功能、合作与协同的区别这四个方面展开。

（1）目标。协同创新的内涵首先是明确了协同创新的目标。协同创新的战略协同目标是实现协同效应，即多元主体间彼此竞争、制衡，同时也相互合作、共赢，经复杂的非线性作用而实现自己无法独立达成的整体协同创新效应。协同创新的组织协同目标是实现组织边界重构，即多元主体原有边界逐步模糊重叠，在创新要素流动的平台上形成新的边界，融合一些专有性和优势性资源，提供更多的创新资源选择。协同创新的管理协同目标是形成创新的制度与规则，即在合作模式、激励制度、惩罚制度、绩效管理、产权管理、收益分配和风险控制上建立一套完整的协同创新制度与规则。

（2）参与主体。协同创新的内涵其次是确定了协同创新参与主体的范围。企业、高校和科研机构是最先被纳入协同创新多元主体范围内的参与主体，协同创新使得产学研主体在知识与技术的研发、生产与商业化过程中基于自身优势，整合优势资源，形成创新合力，实现协同效应。但协同创新又不止于产学研三方的简单结合，还需要更多主体的介入以形成新型战略联盟，促进合作绩效的提升，这些主体是除产学研主体之外的政府、科技与金融中介机构。

（3）主体功能。政府主要发挥指导与服务功能，通过协同创新的规划、监管与保障，营造有利于协同创新的政策环境和市场环境，特别是将市场导向和政府服务有机结合，在资金、政策、基础设施和人才储备上支撑协同创新活动的开展。企业在协同创新中主要发挥技术创新与技术市场化功能，依靠贴近市场、了解用户需求的先天优势，把握技术创新的过程监管和成果的市场流向。不论是在传统的产学研合作模式中，还是在复杂的协同创新过程中，企业都扮演着至关重要的角色，以企业为主导的协同创新模式也是最典型的协同创新模式。科研机构在协同创新中主要发挥知识库的功能，在协同创新中提供企业缺乏的知识及技术资源。

随着创新产品与服务市场竞争的加剧和创新需求的不断扩大，更多的企业转而寻求产业共性技术或前瞻性技术，促使基础研究与应用研究不断融合，科研机构洞悉研究前沿与企业了解市场前沿的优势得以互补。科研机构通过与企业的协作，使各自的优势资源在协同创新中得以整合，大大提升了创新效率。高校在协同创新中主要发挥知识库和人力资本库的功能。其中，知识库的功能与科研机构类似；而人力资本库的功能主要体现在人才的培养上，这种作用将知识与技术内化于高校毕业生的内在知识体系中，这对协同创新的作用是长久和持续的，其他多元主体通过雇用高校所提供的人力资本不仅可以成功地实现知识与技术的转移，而且可以储备具有一定创造力的创新型人才。中介机构在协同创新中主要发挥信息、技术、设备和人员方面的支撑功能，作为协同创新重要的桥梁与纽带，在资源共享的协同创新中促进其他创新主体的交流与合作。

（4）合作与协同的区别。协同创新与创新合作的区别在于：协同创新平台的建设使得以人或项目为依托的合作创新转变为以团队和长期持续的成果研发、市场化为依托的协同创新；多元主体形成的稳定研发共同体实现了双赢与多赢，但也涉及成果归属、激励与惩罚、风险控制等深层次问题，协同过程中多元主体的组织边界模糊化与利益分配时的组织边界清晰化使得协同创新的关系管理成为关键。

2.2.2 协同创新的特点

第一，复杂性。协同创新是一项复杂的系统性工程，涉及多要素的相互作用。从参与协同创新的多元主体上看，政府、企业、高校、科研机构和中介机构的广泛参与使得协同创新的主体范围较之独立自主的创新活动明显扩大，多元主体开放组织边界获取外部创新资源，以实现差异化主体功能的协调与互补，彼此间形成复杂的依赖与制衡关系。从协同创新系统的运行与演进上看，系统与外部环境进行着复杂的信息、能量和物质交流，不断完成系统的发展与演化。从影响协同创新的各类因素上看，单一因素往往难以对协同创新关系的形成、维护与控制产生决定性影响，协同创新是各类复杂因素非线性作用的结果。

第二，整体性。协同创新系统各要素的有机结合并不是简单相加。在目标上，协同创新追求整体协同效应，打破单一主体的固有组织边界，形成协同的制度与规则，更重视通过整体利益的实现满足参与协同创新的个体的利益需求。在功能上，协同创新力图实现多元主体的优势功能互补，不单独关注单一主体的优劣势资源禀赋，而是关注协同创新中资源的重组与整合，关注整体功能的实现。在方式上，协同创新提高了创新主体间合作的深度与广度，通过形成战略联盟维持长时间的稳定协同关系，大幅提升多元主体技术合作的外向性。

第三，动态性。协同创新系统是远离平衡态的，知识技术、设备、人才等一系列创新资源在协同创新过程中不断流动交互，协同创新关系不断发展与演变，通过随机涨落实现内部有序结构。

2.2.3　协同创新生态系统

创新生态系统是一个开放性的自组织系统，通过不断地与系统内外部环境进行交互，实现系统内部各机制或要素的协调统一。在创新生态系统中，各组织（创新主体）依托创新生态平台获取企业自身发展所需要的资源，将其与自身资源融合，由此不断提升创造力，并通过自己的成果产出来推动创新生态系统的发展，实现系统内各组织的"共赢"。对于企业而言，要想获得最大化的创新绩效，必须实现资源互补，让创新要素与创新主体之间形成正面效应，以此形成互利共赢、和谐共生的创新生态环境。创新环境中集聚着大量的资源，而企业可以基于合作机制，对这些资源进行选择、配置、融合，通过特定的合同或契约关系，整合形成有特定目标的价值创造系统。

2.3　熊彼特创新理论

约瑟夫·熊彼特是现代创新理论的提出者，其独具特色的创新理论奠定了其在经济思想发展史研究领域的独特地位。熊彼特以"创新理论"解释资本主义的本质特征，解释资本主义发生、发展和趋于灭亡的结局。他在《经济发展理论》一书中提出"创新理论"以后，又相继在《经济周期》和《资本主义、社会主义和民主主义》两书中加以运用和发挥，形成了以"创新理论"为基础的独特的理论体系。"创新理论"的最大特色就是强调生产技术的革新和生产方法的变革在资本主义经济发展过程中具有至高无上的作用。第二次世界大战后，许多著名的经济学家研究和发展了创新理论。20世纪70年代以来，门施、弗里曼、克拉克等用现代统计方法验证了熊彼特的观点，并进一步发展了创新理论，被称为"新熊彼特主义"和"泛熊彼特主义"。

2.3.1 熊彼特"创新"生产函数

熊彼特以全新的视角构建了"创新"生产函数，他认为有必要把一种从来没有的关于生产要素和生产条件的"新组合"引进生产体系中去，以提高生产效率，并认为有必要将"企业家"的职能引进"生产函数"，而"经济发展"则是资本主义的这种不断创新的结果，目的是获得潜在的利润，即最大限度地获取超额利润。周期性的经济波动正是起因于创新过程的非连续性和非均衡性，不同的创新对经济发展产生不同的影响，由此形成时间各一的经济周期。资本主义只是经济变动的一种形式或方法，它不可能是静止的，也不可能永远存在下去。他提出，"创新"是资本主义经济增长和发展的动力，没有"创新"就没有资本主义的发展。

2.3.2 熊彼特"创新"的五种情况

熊彼特认为"创新"主要分为五种情况：第一种是产品创新，主要指通过创新研发出新产品，该新产品深受消费者欢迎；第二种是技术创新，主要指采用一种其他竞争者并未采用的新的生产方法创新研发出新技术，通过该技术能够占据市场的一定份额；第三种是通过开辟更广的市场，使产品有更大的销售范围；第四种是通过控制或掠夺原材料或半成品，从材料的源头控制产品的生产；第五种是从组织创新的角度，加强组织创新，提高组织效率，从而获取更多收益。

2.3.3 熊彼特创新理论的主要观点

第一，创新并非来自外部强加，而是从内部自行发生的变化，即创新不能用外部的影响因素来说明，它是从体系内部发生的。

第二，创新强调了技术的突破性，即通过创新会出现一些以前完全想不到的突破性技术，该技术甚至会使人们的生活方式发生改变。

第三，由于创新，不同经济实体间的竞争加剧，掌握创新技术的经济实体通过竞争可能将没有掌握创新技术的经济实体打败并加以消灭。当经济实体的实力不断增大，经济实体创新研发的能力就会增强，经济实体的创新形式更多地转化为一种经济实体内部的自我更新。

第四，创新强调能够产生新的经济价值。熊彼特认为发明和创新是有所区别的，发明只是新工具或新方法的发现，而创新是新工具或新方法的应用，必须产生出新的经济价值，这对于创新理论的研究具有重要的意义。所以，这个思想为此后诸多研究创新理论的学者所继承。

第五，由创新引致的经济发展与经济增长有质的不同。所谓经济增长，是由人口和资本的增长所引起的，是一种适应过程。经济发展是流转渠道中自发的和间断的变化，是对均衡的干扰，它永远在改变和代替以前存在的均衡状态。

2.4 生态管理理论

生态管理理论（Ecosystem Management）于20世纪70年代由美国学者提出，至90年代已成为学界和业界关注的重要理论。

2.4.1 生态管理理论的概念

综合相关研究，生态管理的含义为：采用生态学、经济学和社会学等多学科知识以及现代科技来管理人类活动对生态环境的影响，努力寻求人类社会发展和生态环境保护之间的平衡点，从而达到经济、社会、生态环境协同发展的目标。由于理论内容的复杂性，生态管理理论至今仍处于发展完善的阶段。生态管理理论涵盖的学科非常广泛，包括生态学、生物学、社会学、经济学、管理学、环境科学、系统论等学科领域。

2.4.2 生态管理理论的内容

生态系统由产业群体（生产者、消费者和分解者）及环境要素（生物、非生物、物质资源）等组成，具有以资源供求为关系的资源网结构，在种类和数量上具有时间和空间动态变化的特征，市场需求和政策直接影响产业群的种类和规模。

（1）管理主体生态化。生态管理理论强调要向企业所有员工普及并培训生态环保知识，企业各个层级的管理人员应具有生态意识和观念；同时企业不应该将组织利益最大化作为发展目标，而应在发展过程中顾及生态环境的保护，注重企业和生态环境协同发展。在发展过程中应始终秉持可持续发展理念，避免过度追求商业利益而造成生态环境不可逆的破坏。

（2）管理效益生态化。传统管理理念强调，企业管理者的首要任务是围绕股东等利益相关者的切身利益，开展经营管理活动，实现股东利益最大化，为达成这一目标，企业可以牺牲生态环境以换取经济效益。但随着生态环境理念逐步深入人心，社会认为企业不仅应对其利益相关者负责，还应具备社会责任意识，让顾客、社会公众感到满意。因此，相关研究指出，企业的第一目标是维持生存，而非实现利润最大化。生态环境为企业生存提供了环境支撑，保护生态环境成为企业生存的第一要义。

（3）产品设计生态化。生态管理理论强调产品设计宗旨。传统产品设计只考虑如何让消费者满意，而没有考虑到产品的材料消耗水平和环境污染情况。生态管理理论认为，产品设计过程应该重点考虑如何实现低消耗和低污染，使产品成为能够满足顾客需求的"绿色产品"；同时还应考虑产品的回收和再利用问题，将废弃产品的生态影响和破坏降至最低。

（4）产品生产生态化。产品生产生态化的重要标志是生产环境实现绿色化，生产过程中资源得到最有效的利用，生产原料由绿色环保、无毒低毒材料构成，生产设备属于高技术产品，对废弃物品采取了合理的处理措施。

（5）营销管理生态化。在评估一个企业的竞争力时，除了考察产品、价格、促销和渠道四个主要因素外，还应考察企业的"生态竞争力"。随着消费者的环保意识普遍增强，其所追求的生活方式越来越绿色和环保，由此催生了巨大的绿色产品市场。因此，企业越来越重视绿色营销和生态营销，营销的生态化就是要求企业减少产品外包装及产品使用剩余物对环境的污染，引导消费者在产品使用、废弃物处理等环节减少环境污染。

2.4.3 生态管理理论的发展趋势

生态管理是产业可持续发展的重要保障，也是循环经济领域的前沿热点问题，还是由企业及消费群体和支撑环境构成的一个具有自调节能力的自组织系统。

（1）"生态人"假设管理。管理学各种理论分支建立在不同的人性假设基础上，这种区别产生了不同的理论逻辑和管理思想，而各种不同的管理理论又在实践中催生了不同的管理原则和管理方法。与以往管理理念不同的是，"生态人"假设提出了一种全新的理念，即企业或非营利组织需依照生态文明伦理规范开展管理活动。"生态人"假设是生态文明时代管理研究和实践的逻辑基础，其对企业制定科学发展战略、实现可持续发展具有重要的推动作用，并在维护良性商业竞争环境，促进经济、社会和环境协同发展等方面发挥重要作用。"生态人"假设将生态保护、生态安全纳入企业发展的外部环境中，要求企业战略必须考虑生态系统的可持续性，其整体性和关联性的管理思路，必将提升现有管理理论的整体水平。

（2）战略生态管理。战略生态管理认为，在企业的系统管理中，不仅应涵盖其所制定的发展战略，还应包含对整个战略生态系统的管理，包括系统识别、规划、实施、评估和调整等活动。战略生态系统由企业发展战略和企业发展所依托的外部环境等内容构成，它是集企业利益相关者、外部环境等于一体的复杂生态系统。战略生态系统具有广泛的覆盖面，充分考虑了企业生存与发展的影响因素，如政治因素、经济因素、技术因素、自然环境因素等。战略生态系统是以企业为中心的一种新型管理系统，旨在改造与企业相关的物流、商流、资金流和信息流，实现企业发展。因此，战略生态系统涵盖了涉及企业发展的错综复杂的关系，包括企业与产业链上游、中游和下游相关主体之间的关系。

（3）企业生态伦理。企业生态伦理是企业处理其与生态环境关系的指导思想，包含伦理道德和行为规范等。企业生态伦理是在人类社会生态危机持续恶化、人们深入反思工业文明发展弊端的背景下产生的，是伦理学与管理学相融合而形成的管理道德观。企业生产经营活动是一个向自然界索取资源并加以改造利用的过程，随着企业生产规模的持续扩大，以及人类需求的无限扩展，企业不断加大自然资源开采力度，并产生大量有害的废水、废气和废弃物，由此产生了严重的环境问题。为确保人类社会可持续发展，企业界和学术界先后提出企业生态伦理思想，旨在进一步约束企业的行为，促进人类社会与生态环境的协调发展。

2.5 国内外相关研究综述

随着时代的发展，市场的需求引导着物流业向高智能、全覆盖、高柔性方向发展。目前，智慧物流"下乡"的研究逐渐从物流硬实力向智慧软实力迁移，即从"云网端"基础设施建设、智能仓储运输网络布局、数字技术应用等主题向制度机制创新、产业组织结构调整、企业商业模式变革等主题切换，并逐步关注乡村智慧流通领域的发展问题，主要从数字经济与物流数字化核心框架体系、转型升级及其与协同创新的关系等方面论述。

2.5.1 数字经济相关研究

随着物联网、云计算、大数据、移动互联网、人工智能等技术的突破与融合发展，以数据为重要生产要素的数字经济已经渗透到经济社会生活的方方面面，成为传统产业转型升级的新动能、经济增长的核心动力。在数字经济的驱动下，县域农业物流相关研究从公共基础设施、仓储运输网络、互联网技术等硬实力优化整合主题逐渐迁移到治理制度机制、产业组织结构、企业商业模式等软实力协同创新主题，聚焦于电商物流模式、大数据驱动模式和生态链模式等产数融合的新模式，从"四功能流"（信息流、商流、物流、资金流）与"五结构链"（信息链、供应链、价值链、技术链、产业链）等方面探索县域农业物流"最后一公里"和"最初一公里"难题的破解策略。

（1）数字经济与实体经济融合研究。1996年，美国学者唐·泰普斯科特（Don Tapscott）在《数字经济时代》中正式提出数字经济的概念，指出全球经济将从信息经济时代进入数字经济时代。以互联网、云计算、大数据等为代表的互联网技术在各行业的创新应用，推动效率提升、产品增值、流程再造、管理创新等，衍生出诸多新理念、新业态、新机制、新模式等，重塑生产方式、服务模式和组织形态，重构价值范式和价值体系，呈现基础设施在线化云端化、产业组织平台化生态化、经济活动分享化普惠化、产业形态融合化服务化、数字消费多元化精准化五大趋势。

（2）数字经济与实体经济融合为传统产业跨越式发展提供契机。《世界互联网大会蓝皮书（2018）》指出，数字经济包括数字产业化和产业数字化两部分。数字产业化即信息技术经济范式向数字技术经济范式转变，不仅包括信息产业部门的生产与供给转变，还包括互联网平台信息技术服务新业态、新模式；产业数字化即产数融合，主要是指数字经济与实体经济深度融合，倒逼传统产业数字化变革。由于数字技术创新具有跳跃式发展的特点，数字经济与实体经济深度融合不仅使具有网民优势、后发优势和制度优势的中国实现了数字经济跨越式发展，也为传统产业在基础设施建设不完善、工业现代化未完成的条件下实现跨越式发展提供了难得的契机。

（3）协同创新是数字经济与实体经济融合的动力。随着数字经济与实体经济融合的不断深化，具有以人为本内涵的协同创新成为产数融合的主流创新范式和动力。各领域创新主体在沟通、协调、合作与协作进程中，通过数字技术创新与融合，突破创新主体间的壁垒，跨界汇聚创新资源，释放创新要素活力，带动生产、流通和消费等领域持续创新，不断涌现新业态、新模式。目前，数字经济与实体经济融合的主战场正从消费领域向生产、流通领域转移，在政府制度机制创新、企业商业模式变革、跨界资源整合、技术创新等创新活动的共同作用下，产生了共享经济、平台经济、社群经济等新业态，以及数字制造、数字农业、数字物流、数字旅游、移动支付、区块链等新模式（Moroz，2017）。

2.5.2 数字化物流相关研究

数字化物流的相关概念一经提出，即引起了政府的高度重视、学术界的高度关注、企业界的积极推动，使新技术、新模式、新业态、新理念不断涌现，实现从概念设想到普遍认同的根本转变，相关研究进入爆发式发展阶段。

（1）数字化物流的概念。数字化物流是随着数字经济的产生与发展而形成的新概念，学界目前对其概念还未达成共识。吴清一（2017）认为数字物流源于实体物流，物理世界的实体物流是构建数字物流系统的基础。数字物流系统应该是物理世界的实际物流系统和相应的虚拟物流系统两个层面血肉相连、相互作用、有机统一的整体。数字物流的研究内容包括数字产业化和物流数字化两大部分。数字产业化是进入物流领域的信息产业，而物流数字化是将物流系统各个要素以数据形式进行描述，形成相应的数字形式的虚拟物流系统，这部分内容也称为数字物流融合部分。智慧物流是数字化物流的高级形式。中国物流技术协会等从技术硬实力层面将智慧物流定义为应用智能硬件、物联网、大数据等智慧化技术与手段，提高物流系统分析决策和智能执行的能力，提升整个物流系统的智能化、自动化水平。王之泰（2014）认为智慧物流不仅是一个技术问题，更是一个系统、综合的概念，并从管理软实力层面将其定义为互联网与新一代信息技术和现代管理应用于物流业，实现物流的自动化、可视化、可控化、智能化、信息化、网络化的创新形态。无论哪个层面的定义，都把数据作为新的生产要素。

（2）数字化物流的核心框架体系。数字化物流的核心逻辑框架主要由基础层、作业层、感知层、传输层、分析层、决策层组成，具有自动感知、自我判断、智慧决策、自动执行、深度协同、智能学习等特点。其本质是物流资源、要素与服务的信息化、在线化、数字化、智能化，通过数据连接、流动、应用与优化组合，实现物流资源与要素的高效配置，促进物流服务提质增效，形成物流与互联网、相关产业的良性互动体系。

（3）物流数字化正成为物流业转型升级的新动能。中国物流业正借助互联网、物联网、大数据、云计算、人工智能等技术进行创新与变革，一大批互联网平台型物流企业相继进入物流市场，成为物流业变革的重要力量，中国物流业的新时代或将由数字物流引领（Kovalský & Mičieta, 2017）。

（4）协同创新是数字化物流的发展动力。随着数字经济与实体经济的融合从消费领域向生产、流通领域转移，具有以人为本内涵的协同创新成为物流业发展的主要动力。在制度机制创新、跨界资源整合、技术创新等协同创新活动的共同作用下，产生了数字物流、智能物流、智慧物流等新模式（Moroz, 2017）。

2.5.3 县域农业物流相关研究

因行政区划存在差异，国外针对县域农业物流体系的研究较为有限，相关研究主要出现在中文文献中。现有文献主要探讨县域农业物流体系构建、县域农业物流发展模式、县域农业产业化与农业物流的关系等方面。

（1）县域农业物流体系构建。逐步构建和发展县域农业物流体系，是促进农产品供需平衡，推进农业现代化进程，实现农业产业发展专业化、一体化、国际化的客观需要。为实现这一目标，我国学者认为，应该深入调研走访，全面了解我国县域农业物流发展存在的突出问题，挖掘掣肘县域农业物流发展的关键因素，并结合我国国情，构建契合我国县域农业产业发展现状，有助于解决县域农业物流问题，助力我国实现农业发展目标和乡村振兴的县域农业物流结构体系。赵黎明和徐青青（2003）指出，农业物流系统是一个包含农业生产、农产品加工和服务、农产品流通等多个系统的综合体系，在构建县域农业物流体系时，应该充分考虑农业生产、加工、销售等各个环节的需求。县域农业物流体系建设应该在地方政府的主导下推进，基础设施平台、物流信息平台、政策平台是县域农业物流体系的三大核心平台。

（2）县域农业物流发展模式。我国在县域农业物流发展进程中，不断探索切实可行的发展模式，这些模式成为学界研究的热点。相关研究基于我国县域农业物流现状以及发展中存在的问题，概括出批发市场、供应链等主流发展模式。同时，也有不少研究深入探索发达国家农业物流发展的主流模式，并通过对比方法分析我国县域农业物流发展模式的特征和不足。梁启超和傅少川（2009）在分析我国主导的县域农业物流运作模式的基础上，借鉴日本现代县域农业物流发展经验，提出以农产品供应企业、农村组织、农产品加工企业、辅助机构为主体的县域农业物流发展模式，以及以农业企业、农户、农业物流中心和辅助机构为主体的县域农业物流发展模式。另有学者通过剖析国外农业物流发展的成功经验，提出适应我国农业发展现状以及国家发展目标的现代县域农业物流发展模式，并提出相应的指标，用于评价县域农业物流发展模式的运行成效。

（3）县域农业产业化与农业物流的关系。除关注县域农业物流体系构建和物流发展模式提炼外，学者还关注县域农业产业化与农业物流的关系，此类研究重点关注县域农业物流机构在农业产业化发展和县域农业物流发展进程中所扮演的角色和起到的作用。王新利(2003)研究发现,我国未充分重视县域农业物流的发展,这是我国县域农业产业化进程缓慢的主要原因,并指出应该大力培育农业物流组织,使其成为驱动县域农业产业化发展的核心动力。周熙登(2015)通过分析县域农业物流在农业产业化中所发挥的作用,指出县域农业物流组织是县域整个农业产业结构中不可或缺的部分,能够有效推动农业产业化发展。另有一些学者着重探讨县域农业物流发展评价指标,提出基础、产出和投入三个指标构建维度。

(4)农业物流协同的相关研究。自物流理论框架体系逐步完善以来,有关物流业与农业协同发展的研究逐渐增多。Mighell 和 Jones(1963)对农业纵向协同展开深入研究,纵向协同指农业在生产和加工,以及储存、运输、销售等环节,与相关行业协同发展,其中物流业是主要构成部分。

第一,基于纵向协同理论的农业物流协同研究。Barkema(1993)基于上述研究,从消费者需求的视角出发,深入分析农业与物流业之间的协同关系,指出农业部门应该不断针对消费者需求的最新动态,及时调整农业与物流业之间的关系,使农业生产和配送更好地满足消费者需求。并指出农业和物流业协同的关键目标是控制农产品质量和配送成本,从而通过物流业带动农业发展。另有研究重点关注农业供应链上各种活动的契约,指出通过契约约束供应链各主体的商业行为,是降低农产品物流成本,并保证农业生产和供应活动中各参与主体竞争地位的关键(舒辉和胡毅,2020)。

第二,基于第三方物流视角的农业物流协同研究。随着第三方物流业的逐步兴起,物流业和农业之间的关系日益紧密。Murphy 和 Poist(2000)指出第三方物流是物流领域中出现的一种委托与被委托之间的新型关系,第三方物流不仅提供物流基本服务,还提供具有个性化和更多功能的物流服务,建立长期的合作关系是第三方物流发展的最优模式。实践表明,第三方物流的兴起大力推动农业物流个性化需求的出现,促使农业和物流业进一步协同。Rong 等(2011)的研究结果指出,如何在整个农产品供应环节中保障农产品质量已经成为物流业发展面临的最大问题,为有效解决这个问题,需要第三方物流企业在运营过程中有效把控农产品质量,并进一步控制产品的物流成本。Osvald 和 Stirn(2008)则从实操层面着眼,提出物流企业要充分考虑农产品的特点，在农产品配送环节引入车辆路径最优化算法，使农业与物流业实现深度协同。

第三，基于系统理论的农业物流协同研究。系统理论强调，各子系统构成要素以及各子系统功能的完善和协同，是实现系统整体协调发展的关键，系统的整体功能大于各子系统功能的总和。对于农业和物流业两个相互关联的子系统来说，可根据投入、产出、产业发展效率等指标评价两个子系统的发展是否协调，进一步判断两个子系统能不能达到"1+1>2"的协同效应。当两个子系统的结构相互匹配，处于和谐发展状态时，农业和物流业实现最佳发展成效并获得持续发展，此时两个子系统达到较好的协同。系统理论认为，对于高度协同的系统整体，离开任何一个子系统，系统内部协同就失去了意义。农业与物流业实现协同主要体现在三个方面：一是两个子系统在技术投入、产业规模、发展速度等方面水平相当；二是两个子系统互相促进，即物流业发展规模和速度满足农业发展的需要，农业的持续发展又促进物流业的优化和升级；三是两个子系统的投入产出效率相近。

2.5.4 农业物流生态圈相关研究

Moore（1999）在商业经济研究领域引入种群生态学，并在此基础上逐步构建形成生态系统理论，该理论体系在长期的研究中不断得到完善，并被用于分析创新创业和电子商务企业的商业行为。随着研究的不断深入，一些学者开始将生态系统理论应用于对物流业现象的分析，逐步形成特定物流领域的生态圈概念，如旅游业物流生态圈和电商业物流生态圈。这些研究从要素构成、要素分布、运作模式、环境优化等层面分析生态圈的发展。此外，有关物流生态圈发展路径与模式的探讨也逐渐增多，如引入大数据技术，使物流生态系统中主体的作用得到充分发挥，从而实现生态圈的良性、高效率发展。

（1）物流生态圈。张建军和赵启兰（2018）围绕平台生态圈，构建起新的供应链模式，并强调持续共享资源和合理分配利益是确保生态圈健康运行的有效方式。舒辉和胡毅（2020）指出，来自内部、外部和中介的因素共同影响农业物流生态圈运营成效，相关主体应该着重关注三个因素在农业物流生态圈建设过程中所发挥的作用。

（2）农业物流生态圈构成要素。农业物流包括与农业生产相关的系列物流活动，涉及产前、产中、产后三个环节，涵盖农产品供应、农产品加工和销售等方面的内容，因此农业物流生态圈是一个以农业生产、销售和服务为核心的系统。各种物流活动的相关主体都是这个系统不可或缺的组成部分，这些主体包括农业物流需求方、供给方以及利益相关群体。根据农业物流生态圈各主体分工及功能，可将其划分为四大种群。一是核心种群，该种群在生态圈扮演领导者角色，是构建生态圈的主体，负责生态圈资源整合及关系协调，具有丰富的资源，主要由农业和物流服务业龙头企业构成。二是关键种群，该种群是农业物流服务需求者，是农业物流的主要服务对象，其需求内容包括农业生产资料物流和农业产品物流。关键种群作为农业物流生态圈的交易主体，其数量和规模直接影响整个生态圈的稳定和发展。三是支持种群，该种群的存在保障了生态圈的顺利运营，如金融机构和各种中介机构等。四是寄生种群，该种群是农业物流生态圈中的"补缺者"，主要提供一些增值服务，如企业推广和商务咨询，寄生种群依附于生态圈，与生态圈共生。

（3）农业物流生态圈层级结构。相关研究根据农业物流生态圈构成要素，建立了农业物流生态圈层级结构。其中，物流业被认为是支撑农业发展的关键行业，只有得到物流业的有力支持，农业组织才能够协调好生产、加工和销售等经营活动，因此物流业是农业发展的重要支撑系统，是农业物流生态圈的框架（舒辉和胡毅，2020）。根据物流业服务性质和服务范围的差异，农业物流服务组织又可分为功能型和集成型两大门类。功能型物流服务组织主要提供储运等基本服务，是农业物流业顺利运营的前提保障；集成型物流服务组织主要是整合物流资源，从而达到提高物流效率的目标。农业物流服务对象，即物流需求主体，则被认为是驱动生态圈运转、发展和演化的关键动力，物流需求引领农业物流组织开展相应的活动，是实现物流组织裂变和升级的核心要素。并且在需求的拉动下，会吸引更多的物流服务商和支撑企业进入生态圈，使农业物流业的发展得到更多支撑。外部环境为农业物流生态圈的发展提供基本保障，经济环境、政治环境和社会环境作为农业物流业的不可变更因素，影响着农业物流生态圈的发展。

2.5.5 县域"互联网＋农业物流"相关研究

在"互联网＋"背景下，农业物流获得迅速发展，但整个物流业还存在着粗放式竞争、人口外流、电商人才不足等突出问题。近年来，国内主流电商阿里巴巴和京东等企业持续投入资金和技术，不断强化农业物流体系建设，但受农村物流成本高等因素影响，农业物流发展难以进入快车道。相关研究指出，为突破农村物流发展瓶颈，应该重点建设农村邮站，因为乡村邮政网点是连接农村电商与农户的主要纽带，其体系的完善将有助于推进农业物流业的健康发展。针对互联网背景下农业互联网建设存在的突出问题，张喜才（2017）运用聚类分析方法发现我国不同地区的农业物流网络存在显著差异，应该有针对性地推进农业物流网络建设，并提出革新农业物流制度、建设适应地方特征的物流网络、培育现代第三方物流企业、促进物流与信息流和资金流融合等促进农业物流网络体系建设的建议。

（1）"互联网+农业物流"运营模式。除探讨"互联网+农业物流"网络体系构建外，一些学者还深入探索互联网背景下的农业物流运营模式，提出农业企业主导、批发市场主导、第三方物流企业主导、农民专业合作社主导四种主流运营模式。其中，农业企业主导模式运营的前提是企业具有建设销售、配送和信息三大平台的能力，并能够与农户实现有效对接。批发市场主导模式是建立在农产品批发市场基础上的运营方式，参与主体包括农户、批发商和零售商。批发市场主导模式是我国农业传统物流模式，但随着互联网的不断发展，该模式具有的流通环节多、供应链长等缺点不断凸显。第三方物流企业主导模式具有专业化程度高等特点，能够降低流通成本并提升流通效率，因此，逐渐成为县镇主流农业物流运营模式。农民专业合作社主导模式的出现打破了农民自主经营的现状，但因合作社物流专业知识不足，该种模式难以大规模推广。

（2）农业物流与电子商务协同发展。农业物流与电子商务协同发展主要体现在两个方面。一是移动互联网已经成为农业物流信息的主要通道，推动农村电子商务发展需要健全的物流体系支撑。同时还需要有通畅的网络，但农村复杂的地理环境，以及分散的用户群体，使得高速宽带建设的推动进程较慢。高速网络供给不足以及农业物流快速发展的客观现实，间接推动农村移动互联网建设进程，从而促成农村移动电子商务和农业物流协同发展的局面。二是农业物流成为电子商务的实物通道，电子商务解决了农户与用户信息不对称的问题，为农产品打开了广阔的市场，但电子商务平台主要实现信息流动，农产品实物的流动则需要农业物流的支撑，因此农业物流的发展促进了农村电子商务的繁荣，而农村电子商务的快速发展又反向推动农业物流体系的建设和完善。

（3）农业物流"数字下乡"的相关研究。数字化物流通过连接升级、数据升级、模式升级、体验升级、智能升级、绿色升级等方式全面助推供应链升级，深刻影响乡村社会生产流通方式，促进乡村产业结构调整与动能转换，推动供给侧结构性改革，为物流业发展创造新机遇。

第一，我国乡村已具备发展数字化物流的基本条件。数字化物流是物流发展的高级阶段，物流发展一般经历"粗放物流→系统物流→电子物流→智能物流→智慧物流"五个阶段。随着物流互联网逐步形成、物流大数据广泛应用、物流云服务保障不断加强、协同共享模式日益普及、人工智能技术快速发展，我国发展数字化物流的基本条件已经具备，要充分利用数字化物流协作共享空间，加快完善数字化物流标准体系建设，加快推动物流企业数字化改造，加强物流数据政企共享合作应用，向多式联运上下游产业链延伸。

第二，县域农业物流生态圈市场潜力巨大。随着电子商务等基于数字经济的新模式逐渐往乡村市场下沉，协同创新活动开始活跃，乡村数字化物流的蓝海市场逐渐显现（孔栋等，2016）。除了"铁公基""云网端"基础设施建设所形成的市场外，物流技术、物流云、物流大数据和物流模式将成为物流企业实施数字化物流需求最大的四个市场。

第三，县域农业物流协同形成机理。随着协同理论（Synergy Theory）、耗散结构理论（Dissipative Structure Theory）、突变理论（Catastrophe Theory）、混沌理论（Chaos Theory）、系统动力学（System Dynamics）等理论的形成和发展，自组织理论体系逐渐形成，成为突破乡村流通发展瓶颈的"良方"（赵晓飞和李崇光，2012）。相关研究主要聚焦在农产品物流、农业物流、农村物流的发展方向、发展方式、演化进程、系统动力等自组织协同形成机理上（邬文兵等，2017），并在总结和借鉴"美加模式""荷兰模式""东亚模式""海岛模式"等农业数字化发展经验的基础上，从农产品供应链协同和农业服务供应链协同等角度，提出物流联盟、生态圈等产业融合的协同形成机理（张建军和赵启兰，2019）。

（4）县域农业物流生态圈的模式与策略研究。县域农业物流一直是县域经济社会发展的"短板",是亟待解决的"三农"问题之一。随着电子商务、大数据驱动模式、生态链模式等基于数字经济的新模式逐渐往乡村市场下沉,产数融合的县域农业物流蓝海市场逐渐显现,县域农业物流市场协同创新活动开始活跃。在梅特卡夫定律、摩尔定律、达维多定律三大定律的支配下,县域农业物流产数融合的协同化、数字化、智能化趋势益发明显,引发县域农业物流所包含的"四功能流,五结构链"的深刻变革(孔栋等,2016)。

第一,乡村数字化物流的路径。相关研究从数字技术、冷链物流、低碳经济、物流金融等角度,探讨了农村物流、农业物流和农产品物流组织协同、运营协同等问题,提出了农产品物流联盟、农业物流服务供应链等协同组织模式,以及双边平台、双向物流交邮合作、众包等协同运营模式(赵晓飞和李崇光,2012;谢莉娟,2015),提供了知识协同、契约协同、信息协同等组织协同策略,以及库存协同、计划协同、多式联运等运营协同路径(全世文等,2015)。

第二,乡村数字化物流的模式。数据成为生产要素,必然促进县域农业物流生态圈从供应链整合、信息链重构、价值链重塑、产业链优化的视角进行顶层设计和制度革新(谢莉娟,2015)。乡村"互联网+数字物流"模式主要有四种:一是电商物流模式,即以信息流带动商流、物流、资金流的物流模式(汪旭晖和张其林,2016);二是大数据驱动模式,即"大数据平台+三级物流网络"O2O物流模式(Handayati et al,2015);三是智慧供应链模式,即智慧化平台、数字化运营、自动化作业协同的物流模式(李梓元和葛晓伟,2017);四是生态圈模式,即信息链、供应链、资金链融合的物流模式(Furmann et al,2017)。

2.5.6 研究评述

通过对以上文献的梳理,可知国内外学者有以下三点共识:一是数字经济已成为经济发展的新动力,倒逼传统产业进行自我颠覆和改造;二是县域农业物流亟须进行数字化创新;三是县域农业物流生态圈适应我国政治经济发展的要求,是目前发展数字乡村亟待深入研究的课题。基于此,笔者对相关文献资料评述如下。

(1)目前关于数字经济驱动县域农业物流变革的理论研究还处于概念、模式层面，比较深层次的理论跨界交叉研究未完全展开，结合重点产业的相关研究还处于探索阶段。鉴于数字经济"融合、共生、共赢"的思维与协同理论的"协同"思想高度契合，可结合中国县域农业物流产业变革进行理论跨界交叉研究。

（2）"跨界""协同""多层次""自组织"等所涉及的问题是数字经济驱动县域农业物流变革的核心问题。目前相关研究还处于"技术驱动型"或"技术改造型"阶段，很少有学者从系统管理科学的角度，把数字经济作为外生动力，研究开放式县域农业物流生态圈的协同、跨界资源整合、发展动力等方面的问题。因此，县域农业物流变革研究很有必要借助大数据等数字技术的创新，以跨界资源整合产生协同效应为目标，重构县域农业物流战略层面、协调层面、运作层面和支持层面的体系，实现县域农业物流协同"大市场"供需两侧信息对称、物流无缝化对接，形成可持续发展的新生态、新业态。

（3）目前关于数字经济驱动县域农业物流变革的研究主要集中在线上电商企业如何"接地气"，以及县域农业物流企业及相关企业如何"接天线"方面，鲜有学者研究如何集聚政府、消费者、生产者、物流服务商、金融机构、互联网服务商等诸多主体，应用数字技术进行协同管理的问题。

（4）县域农业物流生态圈的相关理论研究远远落后于实践应用，现有研究呈现出以下两个特点：一是县域农业物流生态圈相关研究以"技术驱动型"和"技术改造型"的研究为主，缺乏相关理论的支持、应用和分析；二是县域农业物流生态圈的研究思路基本上为"数字下乡"的思路，即把发展县域农业物流作为城市物流的延伸或产业配套，鲜有研究根植于乡村，把县域农业物流作为发展乡村数字经济的伴生物流和先行工程，探讨其形成机理和实现路径。

（5）越分散、越不标准的县域农业物流市场，越需要互联网和大数据，越需要县域农业物流生态圈，这样才能将碎片化的县域农业物流需求集聚成长尾需求，从而更好地解决县域农业物流业的痛点和数字经济发展的瓶颈。

综上所述，本书将以县域农业物流为研究对象，主要探讨以下三个方面的问题：一是数字经济驱动下什么形式的县域农业物流组织才能适应新时期、新经济的发展要求；二是县域农业物流生态圈的协同机理包含哪些内容、存在那些规律等；三是数字经济驱动下相关主体如政府怎么制定策略、制定什么样的策略才能助力县域农业物流的跨越式发展。

2.6 本章小结

本章主要介绍县域农业物流生态圈的理论基础并梳理相关研究文献。理论基础主要包括自组织理论、协同创新理论、熊彼特创新理论和生态管理理论。相关研究文献主要包括数字经济、数字化物流、县域农业物流生态圈等方面的内容。理论基础介绍和研究文献梳理的目的是为后续各章的论证提供相应的理论依据。本章主要内容如下。

（1）自组织理论。自组织理论主要包括耗散结构理论、协同理论、突变理论等系统论的分支，阐述了自组织协同演化、系统主体协同关系、系统发展动力等内容，是县域农业物流生态圈形成机理研究的理论基础。

（2）协同创新理论。本章主要从协同创新的目标、参与主体、主体功能、合作与协同的区别这四个方面分析协同创新的内涵。该理论是县域农业物流生态圈主体协同关系研究的理论基础。

（3）熊彼特创新理论。本章重点阐述了熊彼特创新理论的定义、基本观点等内容。该理论是县域农业物流生态圈"协调→协作→协同"的跃迁过程与主要影响因素研究的理论基础。

（4）国内外相关研究综述。通过相关研究文献的梳理，厘清数字经济对县域农业物流生态圈发展的驱动作用和相互之间的逻辑关系，以及目前农业物流数字化发展状况及学术界的研究进展，寻找后续研究的热点、亮点和痛点。

3 县域农业物流生态圈概念模型与形成机理研究

为适应不断变化的市场环境的需要,县域农业物流生态圈建设必须在科学合理的制度安排下,借助现代科学技术特别是计算机网络技术的力量,以实现县域农业物流的规模化、集约化和协同化为主要目标,将政府、物流服务商的资源与社会分散的物流资源(包括农户自身的物流资源)进行整合,从而有效提高县域农业物流资源的利用率,实现县域农业物流生态圈的协同效应。

3.1 县域农业物流生态圈概念模型

本书根据自组织理论的基本观点,分析县域农业物流生态圈的主体、元素、结构和功能,阐述其开放性、远离平衡状态、涨落、非线性相互作用等自组织属性。主要研究内容包括:一是县域农业物流生态圈主体在大数据驱动下的自组织行为和过程;二是大数据如何通过信息通路发挥导向作用;三是物流通道如何高效便捷地满足县域农业物流生态圈内外物流市场的需求。

3.1.1 县域农业物流生态圈及其子系统构成

县域农业物流生态圈是一个开放式的社会经济系统,其构成如图3-1所示。

按照开放式系统的划分方法,县域农业物流生态圈可分为内部子系统、输入子系统、输出子系统和外部关系子系统。县域农业物流生态圈的四个子系统之间并非相互独立,而是在信息流、商流、资金流和物流的共同作用下,从支持层、运作层、协调层和战略层四个纵向功能层次进行协同运作、配置资源。

内部子系统不仅是县域农业物流主体所拥有的各种资产、能力和文化等有形和无形资源的集合,也是县域农业物流具体活动的载体。

3 县域农业物流生态圈概念模型与形成机理研究

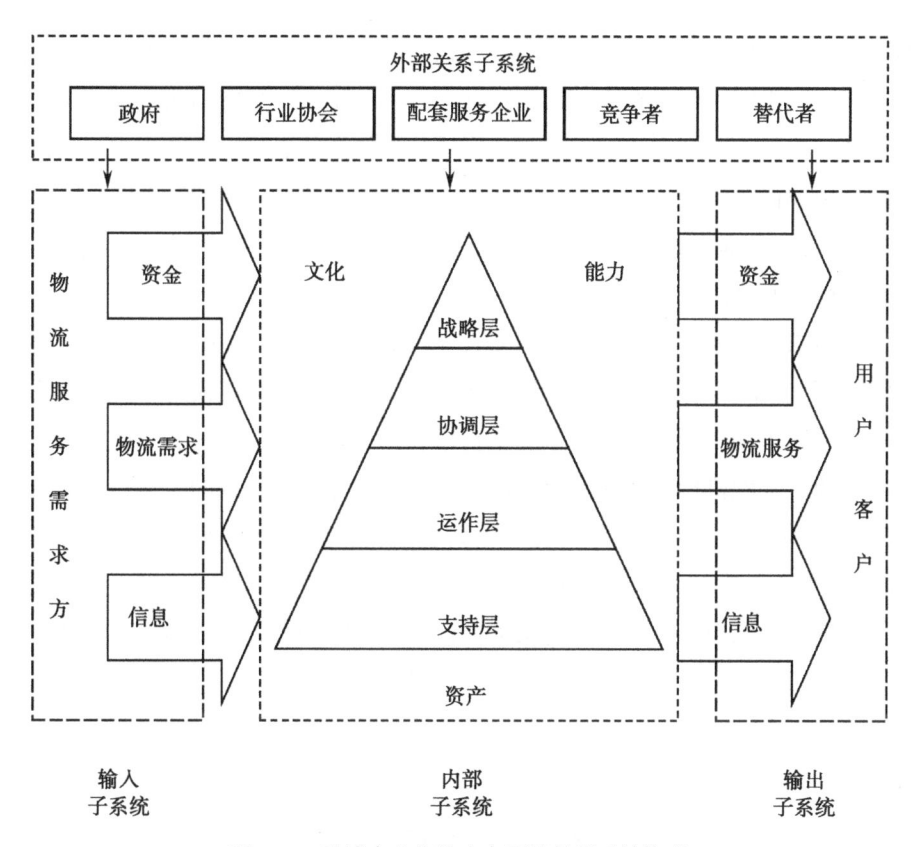

图 3-1 县域农业物流生态圈及其子系统构成

输入子系统是县域农业物流需求方所需的各种物流服务、物流信息、配套资金等的集合，包括农业生产资料和农产品的货运、仓储、配送、包装、金融、信贷等服务需求和各类相关信息。

输出子系统是县域农业物流终端用户（或客户）所需的各种农业物流服务、信息、技术、管理和资金等的集合，包括各种个性化、专业化的农业物流服务需求等。

外部关系子系统是县域农业物流内部主体与外部环境主体间关系的集合，外部环境主体主要包括政府、行业协会、配套服务企业、竞争者、替代者等。

3.1.2 县域农业物流生态圈自组织概念模型

系统论研究的基本思路是把研究对象视为一个开放式系统，因而对县域农业物流生态圈及其子系统的界定是县域农业物流生态圈概念模型的理论基础。

39

本书在对县域农业物流生态圈及其子系统界定的基础上，结合县域"互联网＋农业物流"生态圈的主要系统结构特征——"一站式"功能结构，借鉴国内外相关文献，引入大样本统计的思想，通过分析概念的心像，对县域农业物流生态圈自组织概念模型进行界定。其中，县域农业物流"一站式"功能结构是指"农业物流服务提供方→集成化农业物流服务商→终端用户（客户）"的流程构成的县域农业物流生态圈结构。

县域农业物流生态圈概念模型的主要内容包括：一是县域农业物流协同"大市场"包括横向和纵向两个市场维度，横向市场是指县域内外协同的物流市场，纵向市场是指线上、线下和平台市场；二是政府、消费者、生产者、物流服务商、金融机构、互联网服务商等是县域农业物流市场的主体；三是具备农产品交易功能、金融服务功能、数据服务功能等系统功能；四是以云平台（大数据中心）为核心，向外依次是互联网、物联网、传感网，构成开放式网状大数据传导圈层结构；五是连接县域内外、供需两侧的物流通道。具体如图3-2所示。

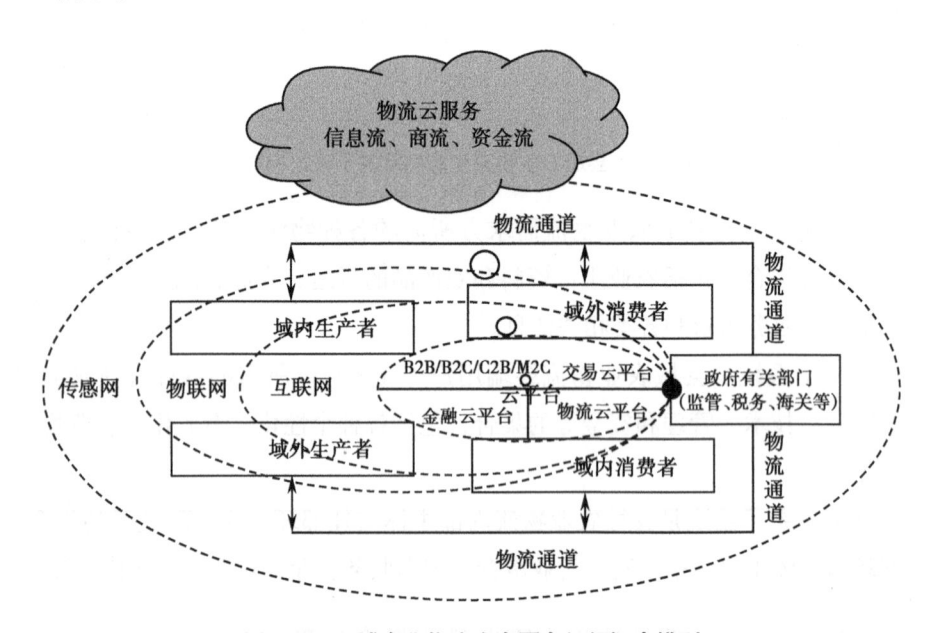

图3-2　县域农业物流生态圈自组织概念模型

3.2 县域农业物流生态圈自组织属性

县域农业物流生态圈的基本研究思路是将县域农业物流生态圈视为一个系统，在对县域农业物流生态圈及其子系统界定的基础上，分析其要素、功能和结构，通过数字化建设路径（数据→数据链→数据网络），使之相互联系、相互渗透，形成合理的功能和结构，实现资源相互配合与协调，发挥资源整体最大功能，达到整体最优化、整体效益最大化的目的。

3.2.1 县域农业物流生态圈自组织特征

县域农业物流生态圈作为一个社会经济范畴的开放式系统，除具有与社会自组织系统相同的一般特征外，还具有自身独有的特征。

（1）自觉性和能动性。县域农业物流生态圈发生的涨落不能看成是处于人的控制范围之外的纯"随机现象"，而是具有一种高度自觉性和能动性，不仅能对环境的变迁做出积极反应，而且其行为要受到县域农业物流生态圈运行规则的支配。对县域农业物流生态圈而言，小的"涨落"也会引起县域农业物流生态圈管理模式的改变，而大的"涨落"或许会引起一场县域农业物流生态圈管理变革。认识县域农业物流生态圈自组织的自觉性和能动性，有助于我们更好地遵循和运用协同演化的规律和原理，做好对县域农业物流生态圈的管理。

（2）县域农业物流生态圈的自组织程度取决于具有主观能动意识的人（主体）。人（主体）既是物流服务的需求者也是物流服务的提供者，是整个县域农业物流生态圈活动的决定者和被决定者、组织者和被组织者。县域农业物流生态圈的序参量和控制参量都与人（主体）有关，都可以表现为人（主体）的行为方式。这就意味着属于社会系统的县域农业物流生态圈不会像自然系统的运行那样，只能被动地取决于控制参量的自由组合而形成的"阈值"或随机的"涨落"。县域农业物流生态圈的运作模式取决于具有主观能动意识的人（主体）的默契合作形成的"阈值"和"涨落"，从而能动地影响县域农业物流生态圈的自组织程度和相应的有序状态。

（3）县域农业物流生态圈具有对环境"适应"和"选择"的能动性。县域农业物流生态圈中充满了人（主体）及其活动。系统中各子系统的相互作用和联系既不具有"可叠加性"（系统效应只是子系统效应的简单相加），也不具有"均匀性"（在不同条件下，同一作用的农业物流效果一致），还不具有"对称性"（主体与主体的相互作用大小相等）。在县域农业物流生态圈中，主体可以运用自身的智慧，通过改变环境或改变自身的行为来增强对环境的适应能力。正是这种"改变"的能力扩大了"适应"的范围，反过来，"适应"又增加了"改变"的深度。县域农业物流生态圈中的这种"改变"和"适应"充满了非线性正负反馈的作用，这种作用使一些不利的因素得到衰减、抑制或同化，而一些有利的因素得以增强、放大和发展。主体改变环境或者改变自身的行为本身就意味着创新，但这种创新与自然界的自我更新不同，它带有价值的衡量和判断，因而本质上是一种自觉或自发的选择行为。县域农业物流生态圈对环境的这种"适应"和"选择"，推动县域农业物流生态圈不断创新，真正实现适应环境变迁的动态协同运作。

综上所述，县域农业物流生态圈是一种自组织，除具备自组织的开放性、竞协性、层次性、非线性、随机性等一般特征外，也具备作为一个社会经济范畴的开放式系统应有的自觉性、能动性、适应性和选择性等特性。

3.2.2 县域农业物流生态圈自组织内涵

从上述县域农业物流生态圈自组织特征分析中我们得知，县域农业物流生态圈属于社会系统范畴的自组织行为和过程。作为一种行为，县域农业物流生态圈是在一定社会范围内和一定条件下，通过自我选择、竞争和协作、改变和适应环境，从而达到新的有序状态的自组织行为；作为一种过程，县域农业物流生态圈是在无外部特定干预的情况下，自我适应和更新的协同演化过程。县域农业物流生态圈自组织内涵具体如下。

（1）县域农业物流生态圈的形成过程是一个自组织的过程。组织化方式可以分为自组织和他组织两种。自组织是无外界特定干预的自演化；他组织是在外界特定干预下的演化，其实质性概念是"外界特定干预"。县域农业物流生态圈在其数字化演化初期需要经过各种程序，外界特定干预是十分明显的，具有明显的他组织性。而在其数字化演化后期，县域农业物流生态圈可在没有"外界特定干预"的条件下，在其系统要素主体的主观能动作用下，围绕产品

3 县域农业物流生态圈概念模型与形成机理研究

或服务自发地形成一个价值网链系统,并不断地向更高级的有序状态演化,这时县域农业物流生态圈具有自组织性。

无论在县域农业物流生态圈自身的协同演化过程中还是在其各阶段的具体数字化过程中,要实现资源的协同发展,就需要协调各个子系统。虽然整个自组织模式是子系统相互作用选择的模式,或者说县域农业物流生态圈应该是协同工作的,但对于具有独立经济利益的每一个子系统而言,并不意味着都是协同的模式。因此,在整个县域农业物流生态圈演化过程中,存在着自组织和他组织的协调和相互作用,这就是县域农业物流生态圈的他组织性。对于县域农业物流生态圈及其子系统而言,同样需要通过认识并遵循自组织这个规律,以他组织方式逐步对其进行动态调节,使得县域农业物流生态圈朝着优化配置的方向发展。可见,在数字化过程中,县域农业物流生态圈整体具有自组织性,局部具有他组织性。

(2)县域农业物流生态圈演化以涨落为动力。涨落是县域农业物流生态圈把物质、能量和信息转化为维持自身存在,促进自我发展的自组织能力的体现。自组织作为一种行为,其任务是扶持、放大县域农业物流生态圈良性涨落,或抑制、减小恶性涨落。县域农业物流生态圈是一个自组织过程,即县域农业物流生态圈是一个与外界发生物质、能量和信息交换的开放性过程。在数字化过程中,县域农业物流生态圈与外界的交换并不是简单的输入和输出,而是县域农业物流生态圈从外界环境中吸收外部资源并进行不断优化的过程。与外部交换或互补的行为会引起县域农业物流生态圈的涨落。在县域农业物流生态圈各主体要素的主观能动作用下,通过县域农业物流生态圈主体的自组织行为,扶持、放大良性涨落,或抑制、减小恶性涨落,从而促使县域农业物流生态圈不断自觉创新与变革,并不断向新的有序结构发展进化。县域农业物流生态圈新的有序结构相应产生新的"游戏规则"(Game Rule),县域农业物流生态圈各圈层结构(子系统)在相同的"游戏规则"约束下,决定自己的行为模式,但其行为必须与县域农业物流生态圈的整体运行目标相适应。当县域农业物流生态圈子系统间发生冲突时,现有的有序结构将被打破,出现局部非线性失稳的现象。在县域农业物流生态圈自组织"双赢"原则的作用下,良性涨落会发生消化作用,使得县域农业物流生态圈向着下一个有序方向演进。

县域农业物流生态圈新的有序只是一个时点（阶段），县域农业物流生态圈始终处在非平衡的有序状态中，"涨落"现象总会发生。正是由于县域农业物流生态圈不断出现"涨落"，系统的序参量不断地产生作用，县域农业物流生态圈才能在数字化过程中不断创新，才不至于在一个永恒的有序中被平衡或消亡。

（3）序参量是县域农业物流生态圈协同演化过程中发生相变的决定因素。在县域农业物流生态圈形成和发展过程中，各子系统的相互作用和外部环境的变化都会导致县域农业物流生态圈序参量的产生，并由序参量主导县域农业物流生态圈不断向新的有序状态跃进。协同理论把系统（县域农业物流生态圈）从无序到有序或者从有序到无序转变的动态过程称为"相变"，决定系统（县域农业物流生态圈）相变的因素称为序参量。系统（县域农业物流生态圈）在相变点（相变临界值）处的内部变量分为慢弛豫变量和快弛豫变量两类。慢弛豫变量是决定系统（县域农业物流生态圈）相变进程的根本变量，即系统（县域农业物流生态圈）的序参量，它的数量较少，衰减变化较慢；快弛豫变量数目相对较多，衰减变化较快，它服从于慢弛豫变量，对系统（县域农业物流生态圈）的结构、功能变化不起主导作用。慢弛豫变量主宰着整个系统（县域农业物流生态圈）演变的方向，它扮演着两种角色：一是支配县域农业物流生态圈的子系统；二是为子系统所支持。系统（县域农业物流生态圈）由无序走向有序的关键在于系统（县域农业物流生态圈）内部序参量之间的协同作用，它们左右着系统（县域农业物流生态圈）相变的规律与原理。

这个过程就是序参量引导系统（县域农业物流生态圈）形成与演变的过程。在这个过程中，有些影响因素越来越明显地主导着整个系统（县域农业物流生态圈）演变的方向，而有些因素的作用则随着时间的推移逐渐淡化或减弱。起主导作用的因素就是系统（县域农业物流生态圈）的序参量，其他的因素是系统（县域农业物流生态圈）的控制参量，二者都是县域农业物流生态圈演化和发展的影响因素。虽然在县域农业物流生态圈演化和发展过程中形成的序参量是系统（县域农业物流生态圈）演化和发展的主宰力量（原生动力），但可以通过调整控制参量对序参量能动地施加影响。

（4）序参量通过涨落实现对县域农业物流生态圈相变的主导作用。序参量的大小可以用来标识系统（县域农业物流生态圈）有序的程度。县域农业物流生态圈各子系统的相互作用和环境条件的变化都可能形成全新的序参量或序参量系统。

当系统（县域农业物流生态圈）的动态变化到达临界点时，序参量增长到最大，此时会出现一种新的宏观有序的有组织的结构。系统（县域农业物流生态圈）自发地偏离某一平衡态（点）的现象，称为涨落。涨落对系统（县域农业物流生态圈）的重要作用在于：在控制参量的适当引导下，局域性的涨落呈现非线性正负反馈的作用，会对系统（县域农业物流生态圈）产生放大效应，它的行为将影响序参量支配原系统（县域农业物流生态圈）的一部分或全部行为，使其向新的有序结构发展。由于涨落的特殊作用，它被当作系统（县域农业物流生态圈）更新的根据或源泉。这就是说，系统（县域农业物流生态圈）的创新转换实际上是通过系统对涨落的调节控制来实现的，即通过涨落达到有序或高级有序。

影响序参量主导作用的因素或条件分为良性和非良性两种，即控制参量分可为良性控制参量和非良性控制参量两种。当良性的因素或条件（良性控制参量）作用加强时，序参量会支配系统（县域农业物流生态圈）及其子系统实现正向发展并产生协同效应，使系统（县域农业物流生态圈）整体处于有序状态或向有序状态发展。反之，当非良性的因素或条件（非良性控制参量）作用加强时，序参量会役使系统（县域农业物流生态圈）及其子系统出现内部关系不协调、结构不合理、自组织水平低、整体功能差等现象，使系统（县域农业物流生态圈）处于混乱无序的状态甚至倒退发展。如果系统（县域农业物流生态圈）长期处于无序状态，则必然会导致整个系统（县域农业物流生态圈）的巨大浪费，甚至影响国民经济这个大系统的发展。

（5）县域农业物流生态圈可能存在多个序参量的共同作用。协同理论认为，系统（县域农业物流生态圈）可能受到多个序参量的共同控制。这一思想可以帮助我们更深入地理解县域农业物流生态圈中的序参量。在当前的经济政治环境下，影响系统（县域农业物流生态圈）的关键因素可能不止一个，它们对系统（县域农业物流生态圈）的协同运作都起着支配作用。系统（县域农业物流生态圈）的这些序参量之间是一种"竞协"的关系，存在三种表现形式：一是互不干扰，各行其是，处于独立状态；二是一方支配另一方，同化对方，消灭对方；三是双方"协商"，按"约定"的方式相互适应，实现共存。在现实社会中，第一种是理想化的状态，而第二种和第三种往往是互补或竞协的状态，县域农业物流生态圈一般处于第二种和第三种状态。

（6）县域农业物流生态圈数字化相变是协同演化进程的重要标志。协同理论把构成系统（县域农业物流生态圈）的各个子系统之间所具有的不同状态的转变，称为相变（Phase Change）。其中，系统（县域农业物流生态圈）及其子系统所处的状态是相（Phase）。当系统（县域农业物流生态圈）相变突然发生时，旧状态产生有序程度的突变，这是一种临界阶段或状态，也是普遍存在于社会经济发展中的重要现象。从协同理论的角度看，这是一个自组织的过程。其中，自组织作为系统（县域农业物流生态圈）有序演化过程的概念抽象，一般包含着三个相变点。

第一，独立组织到他组织的相变（First Phase Change）。这次相变是组织（县域农业物流生态圈）的起源阶段，标志着系统（县域农业物流生态圈）从混沌到初级有序，从非组织的无序状态到组织初级有序的状态。县域农业物流生态圈研究需要关注组织起点和临界问题。

第二，他组织到自组织的相变（Second Phase Change）。这次相变是系统（县域农业物流生态圈）层次得以提升的过程，是从有序化程度较低的"他组织"跃迁到有序化程度较高的"自组织"的起点，是系统（县域农业物流生态圈）在相变临界点附近通过涨落发生的突变，产生了耗散结构。这种新结构、新功能涌现的行为和过程也常称为系统（县域农业物流生态圈）自组织演化行为和过程。

第三，自组织到高级自组织的相变（Third Phase Change）。这次相变是系统（县域农业物流生态圈）在相同组织层次上由简单到复杂的自组织演化过程，标志着系统（县域农业物流生态圈）组织结构与功能在相同组织层次上从简单到复杂的增加。

综上所述，县域农业物流生态圈的形成和发展过程是一个系统协同演化的自组织过程，其局部（子系统）过程仍然存在着自组织和他组织相互转化和相互作用的状态。这种状态在县域农业物流生态圈协同演化的自组织过程中是正常的、常见的、局部的现象。县域农业物流生态圈既有社会系统的自组织共性，也有其独特的个性，是通过自组织和他组织要素共存共建形成的。在组织形成的过程中，他组织方式一般多于自组织方式，但这并不能说明县域农业物流生态圈没有自组织性和自适应性。自组织的行为和过程是县域农业物流生态圈相变的主要内容。县域农业物流生态圈具有自组织的属性和内涵。因此，通过自组织协同演化模型可以分析县域农业物流生态圈数字化的自组织过程及相变原理。

3.3 县域农业物流生态圈自组织协同演化

协同演化模型是协同理论研究系统（县域农业物流生态圈）自组织相变现象的重要数理工具。构建自组织协同演化模型的主要目的是通过对系统（县域农业物流生态圈）模型的分析，揭示系统（县域农业物流生态圈）的自组织进程和相变的时点、条件等基本原理和规律，并解释系统（县域农业物流生态圈）如何通过自组织涨落引起正负反馈，淘汰系统（县域农业物流生态圈）其他状态参量，产生决定系统运动方向的序参量，使人们能够更好地把握、控制和管理系统（县域农业物流生态圈）演化的方向和节奏，抓住关键因素因势利导、顺势而为，从而达到事半功倍的效果。

3.3.1 县域农业物流生态圈数字化生命周期

县域农业物流生态圈是一个有生命力的有机体，生存与发展是县域农业物流生态圈数字化建设所追求的主题。县域农业物流生态圈的生命周期分析认为，县域农业物流生态圈的生存与发展必然经历形成、成长、成熟、衰退四个阶段，这迫使县域农业物流生态圈不断进行数字化变革和创新，以适应县域农业物流生态圈数字化特定发展阶段的要求，如图3-3所示。

县域农业物流生态圈数字化生命周期的特征体现在代继过程上。代继是指县域农业物流生态圈在数字化过

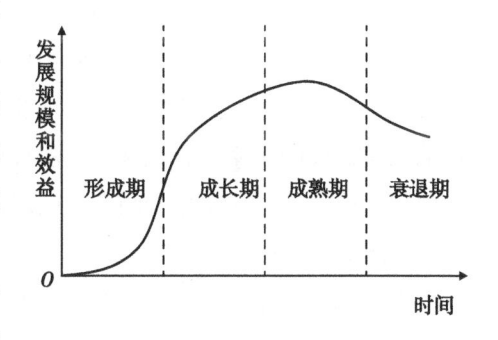

图3-3 县域农业物流生态圈数字化生命周期曲线

程中对原有数字化技术进行持续创新或更新换代，以保证县域农业物流生态圈的数字化技术具备更强的创新性、竞争性和垄断性。

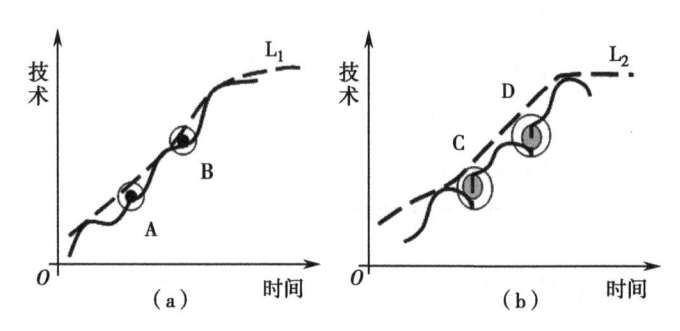

（1）农业物流数字化技术成果的代继。农业物流数字化技术成果的代继方式主要有两种：第一种是连续型代继方式，即农业物流数字化技术成果并未发生根本变革或者突破性创新，而是在已有农业物流数字化技术成果的基础上不断推陈出新，并按照路径依赖规律，循序渐进地推动技术向前发展，其发展轨迹一般是一条连续的S形渐进曲线，如图3-4（a）所示；第二种是间断型代继方式，即农业物流数字化技术成果并不是在已有农业物流数字化技术成果的发展轨迹上运行的，而是在已有农业物流数字化技术成果生命周期消亡阶段的上方重新开启一条新的曲线，进入一个农业物流数字化技术成果的新生命周期，数字化新技术是在旧技术基础上的一种间断跃迁，其轨迹是一条不连续的S形曲线，如图3-4（b）所示。

图3-4 农业物流数字化技术成果的代继

（2）农业物流数字化技术专利的迭代。在《专利法》适用的范围内，农业物流数字化技术专利的迭代是指技术专利申请人以第一代技术专利为基础，不断地提出第二代、第三代……以此类推进行技术专利申请，不断地把上一代专利转化为普通技术应用或标准基础内容，形成一套适应农业物流数字化技术市场的循序迭代的父系专利机制，在法理框架下保障原创新或突破性创新成果最大限度（或宽度）地超越专利寿命的限制，并在农业物流数字化技术市场化过程中不断驱动商业模式变革。

农业物流数字化技术专利的迭代如图3-5所示，L_1、L_2、L_3分别代表农业物流数字化技术专利第一代、第二代、第三代，A、B点分别代表农业物流数字化技术专利迭代的时点。

3 县域农业物流生态圈概念模型与形成机理研究

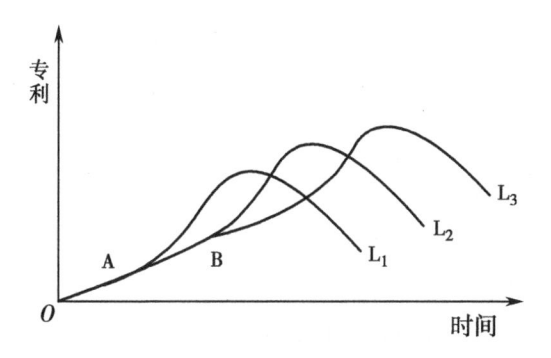

图 3-5 农业物流数字化技术专利的迭代

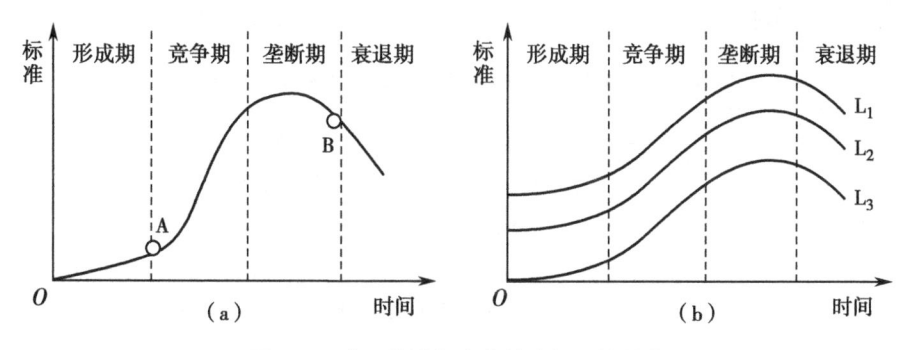

（3）农业物流数字化技术标准的替代。农业物流数字化技术标准是一种市场行为和商业行为的规范，其衰退或消亡的根本原因主要是农业物流数字化技术标准已不适应市场发展的需要，很可能有新的、可替代的农业物流数字化技术标准已产生或适用。农业物流数字化技术标准的替代一般采取修改或补充、替换的方式，如图 3-6 所示。

图 3-6 农业物流数字化技术标准的替代

农业物流数字化技术标准生命周期的主体部分是标准化的过程，也是农业物流数字化技术标准通过不断修改技术规范等实现自我完善或升级的过程。以修改或补充方式进行农业物流数字化技术标准的替代一般发生在农业物流数字化技术标准生命周期的竞争阶段和垄断阶段，修改或补充方式并不是消灭而是完善，是推动农业物流数字化技术标准垄断化的动力，如图 3-6（a）所示。然而，农业物流数字化技术标准的另一个发展趋势是垄断化，包括单一的垄断化和群落的垄断化，处于垄断地位的农业物流数字化技术标准（或是标准群落）

有且只能有一个，适用"优胜劣汰，适者生存"的基本商业生态法则，导致农业物流数字化技术标准之争时常处于水深火热之中，农业物流数字化技术标准替代周期越来越短，如图3-6（b）所示。

农业物流数字化技术成果专利化、专利标准化、标准垄断化的持续创新能力自诞生之日起是递减的。因此，农业物流数字化技术创新及应用要保持竞争优势，必须持续地进行突破性创新或颠覆性创新，而不只是进行原有农业物流数字化技术成果的代继、专利的迭代、标准的替代。

3.3.2　县域农业物流生态圈数字化的自组织协同演化方程

县域农业物流生态圈作为自组织，其数字化必然受到协同演化规律和原理的制约和支配。遵循县域农业物流生态圈的系统状态参量选取原则，根据其系统结构和功能属性的主要特征，可从县域农业物流生态圈四个子系统中各选取能体现子系统状态的参量。

（1）状态参量的选择。县域农业物流生态圈的系统状态参量显示其整体和部分的运行数据，是其各子系统状态参量的集合，如表3-1所示。

表3-1　县域农业物流生态圈的系统状态参量选取说明

子系统		状态参量		说明
县域农业物流生态圈	内部子系统	X_1	技术创新应用程度	县域内农业物流技术、数字技术能力的总和，是技术渗透、管理水平等关于时间的函数
		X_2	资源协同整合能力	县域农业物流资源协同运作的能力，是信息流、物资流、资金流的结构比例和使用效率关于时间的函数
		X_3	市场规模	县域农业物流的总价值关于时间的函数
		X_4	文化影响力	县域物流文化素质水平对县域农业物流生态圈发展的影响作用关于时间的函数
		X_5	物流人力资源管理水平	县域农业物流企业人力资源的使用水平即所创造的价值关于时间的函数
	输入子系统	X_6	输入总价值	在一定时间点县域农业物流输入物资、信息、资金等的价值总和
		X_7	输入比例关系	在一定时间点县域农业物流输入物资、信息、资金等的价值占输入总价值的比例，显示输入资源结构的变化

3 县域农业物流生态圈概念模型与形成机理研究

续表

	子系统	状态参量	说明
县域农业物流生态圈	输出子系统	X_8	输出总价值	在一定时间点县域农业物流输出物资、信息、资金等的价值总和
		X_9	输出比例关系	在一定时间点县域农业物流输出物资、信息、资金等的价值占输出总价值的比例，显示输出资源结构的变化
	外部关系子系统	X_{10}	外部关系和谐程度	县域农业物流生态圈内外部关系主体间"和谐"关系的变化关于时间的函数

县域农业物流生态圈内部子系统拥有资源、文化、市场用户、市场竞争能力、人力资源等资源要素，所以选择技术创新应用程度、资源协同整合能力、市场规模、文化影响力、物流人力资源管理水平作为内部子系统的状态参量。

县域农业物流生态圈输入子系统拥有信息、资金和物资三种资源要素，在系统的功能和结构上主要体现为输入总价值和信息流、资金流、物资流的比例关系，所以选择输入总价值和输入比例关系作为输入子系统的状态参量。

县域农业物流生态圈输出子系统也拥有信息、资金和物资三种资源要素，在系统的功能和结构上主要体现为输出总价值和信息流、资金流、物资流的比例关系，所以选择输出总价值和输出比例关系作为输出子系统的状态参量。

县域农业物流生态圈外部关系子系统是指其与政府、行业协会、配套服务企业、竞争者、替代者等之间的关系资源，在系统功能和结构上主要体现为外部关系和谐程度，所以选择外部关系和谐程度作为外部关系子系统的状态参量。

（2）序参量的粗糙集解法。开放式经济系统县域农业物流生态圈的协调集 (U, E, V, f) 是一个全集，其对象集 $U=\{u_1, u_2, \cdots, u_{80}\}$，$u_i$ 为80家从事县域农业物流的相关企业，属性集 $E=\{X_1, X_2, \cdots, X_{10}, w\}$，$E=X \cup W$，条件属性集 $X=\{X_1, X_2, \cdots, X_{10}\}$，决策属性集 $W=\{w\}$，f 表示县域农业物流生态圈对象集与属性集的对应关系，即存在 $f: U \times E \rightarrow V$ 的映射关系，V 是函数 f 的

值域。

第一，赋值。县域农业物流生态圈状态参量初始值（标准）= 阶段末期算数 + 总值，并对集合 U 中的元素进行赋值。

第二，建立指标数据模型表。根据实地调查结果，对县域农业物流生态圈相关企业的状态参量赋值，如表 3-2 所示。

表 3-2　县域农业物流生态圈状态参量赋值

	X_1	X_2	X_3	X_4	X_5	X_6	X_7	X_8	X_9	X_{10}	w
u_1	4	4	4	2	4	2	3	3	3	4	3
u_2	1	1	1	1	1	1	1	1	1	1	1
u_3	2	2	4	2	4	2	2	3	2	2	2
u_4	3	3	3	2	3	2	2	2	2	3	2
u_5	4	4	4	2	4	2	3	3	2	2	3
u_6	1	1	2	1	2	1	2	2	1	2	1
u_7	1	1	2	1	2	1	2	2	1	2	1
…	…	…	…	…	…	…	…	…	…	…	…
u_{78}	1	1	1	1	1	1	1	1	1	1	1
u_{79}											
u_{80}	4	4	4	2	4	2	3	3	3	4	3

第三，属性约简运算。县域农业物流生态圈对象集 U 关于条件集 X 的划分为 U/X={U_1, U_2, U_3, U_4, U_5}，对象集 U 关于决策集 W 的划分为 U/W={W_1, W_2, W_3}，其中 $W_1=U_1 \cup U_2$，$W_2=U_3 \cup U_4$，$W_3=U_5$，如表 3-3 所示。

表 3-3　县域农业物流生态圈状态参量数据属性约简

	X_1	X_2	X_3	X_4	X_5	X_6	X_7	X_8	X_9	X_{10}	w
U_1	1	1	1	1	1	1	1	1	1	1	1
U_2	2	2	4	2	4	2	2	3	2	2	2
U_3	1	1	2	1	2	1	2	2	1	2	1
U_4	3	3	3	2	3	2	2	2	2	3	2
U_5	4	4	4	2	4	2	3	3	3	4	3

3 县域农业物流生态圈概念模型与形成机理研究

因为 $POS_X(W)=U$，$k=\gamma_X|POS_X(W)|/|W|=1$，即 $P_X \subseteq R_W$，所以县域农业物流生态圈的协调集（U，E，V，f）是完全确定型判别集。

又因为信息熵 $H(W)=I(X,W)=H(X)+H(W)-H(XW)=1.04$，且 $I(X_1,W)=I(X_2,W)=\max\{I(X_i,W)\}=1.04$，所以 $\{X_1, X_2\}$ 为约简集。

通过上述约简运算，可以看到 X_1 技术创新应用程度、X_2 资源协同整合能力在县域农业物流生态圈自组织协同演化中的重要性，而且系统（县域农业物流生态圈）这两个状态参量的波动一般保持在一定的区间内，且变化相对缓慢，一旦跃迁到新的波动区间，则系统（县域农业物流生态圈）将会进入一个新的有序状态，即新的发展阶段，符合系统（县域农业物流生态圈）序参量的筛选标准。故选取 X_1 技术创新应用程度、X_2 资源协同整合能力作为系统（县域农业物流生态圈）自组织协同演化相变的序参量。

（3）县域农业物流生态圈的自组织模型。基于粗糙集的县域农业物流生态圈自组织协同演化模型由粗糙集约简算法模型和自组织协同演化模型两部分构成，前者用于选取系统（县域农业物流生态圈）序参量，后者用于分析系统（县域农业物流生态圈）的自组织过程。基于粗糙集的县域农业物流生态圈自组织协同演化模型主要应用于具有离散性、复杂性和人为特征的社会经济系统（组织）及其子系统（组织）。本书遵循生命周期规律，基于 Langevin 方程，构建县域农业物流生态圈的自组织协同演化模型，具体如下。

$$\begin{cases} \dfrac{dS}{dt}=\alpha_1 X_1+\alpha_2 X_2+\alpha_3 S+\alpha_4 X_1 X_2+F(t) \\ \dfrac{dX_1}{dt}=(\alpha-\gamma_1)X_1-\rho X_1^2+\beta_1 X_1 X_2 \\ \dfrac{dX_2}{dt}=-\gamma_2 X_2+\beta_2 X_1^2 \end{cases}$$

其中，S 表示系统（县域农业物流生态圈）的状态参量，是关于系统序参量 X_1 技术创新应用程度和 X_2 资源协同整合能力的函数；α 表示县域农业物流生态圈的自反馈系数，α_1 表示系统（县域农业物流生态圈）序参量 X_1 技术创新应用程度对系统（县域农业物流生态圈）自组织协同演化的影响系数，α_2 表示系统（县域农业物流生态圈）序参量 X_2 资源协同整合能力对系统（县域农业物流生态圈）自组织协同演化的影响系数，α_3 表示系统（县域农业物流生态圈）序参量 X_1 和 X_2 的相互作用对系统（县域农业物流生态圈）自组织协同演化的影响系数，α_4 表示系统（县域农业物流生态圈）序参量 X_1 和 X_2 的增益系数；γ_1 表示系统（县域农业物流生态圈）序参量 X_1 的阻尼系数，γ_2 表示系统（县域农业物流生态圈）序参量 X_2 的阻尼系数；ρ 表示系统（县域农业物流生态圈）序参量 X_1 的衰减系数；β_1 表示系统（县域农业物流生态圈）序参量 X_1 和 X_2 之间的相互作用力系数，β_2 表示系统（县域农业物流生态圈）序参量 X_1 和 X_2 的相关系数；$F(t)$ 表示系统（县域农业物流生态圈）的随机涨落，连续变量 t 表示时间。

3.3.3　Langevin 方程求解及其特征根分析

系统（县域农业物流生态圈）及其子系统与外部环境存在着物质、能量、信息等的交换和协同合作关系，系统（县域农业物流生态圈）自组织协同演化过程可以用非线性不稳定性加以描述，是一个组织从混沌到无序、从无序到低级有序、从低级有序到高级有序的连续变化的过程。

系统（县域农业物流生态圈）的自组织协同演化规律由序参量主导，通过调整控制参量产生涨落影响系统（县域农业物流生态圈）及其子系统的序参量，可以使其主导系统（县域农业物流生态圈）按自组织协同演化规律和原理演化发展。系统（县域农业物流生态圈）一旦形成自组织，就形成了一定的自组织协同演化规律和原理，就必然受到这种自组织协同演化规律和原理的支配或引领。

（1）求解 Langevin 方程组。当系统（县域农业物流生态圈）处于稳定状态时，$\dfrac{dS}{dt}=\dfrac{dX_1}{dt}=\dfrac{dX_2}{dt}=0$，这是系统（县域农业物流生态圈）的初始解，即系统（县域农业物流生态圈）从一种平衡跃迁到另一种平衡的自组织协同演化过程的起点。若视 Langevin 方程组为关于 S、X_1 和 X_2 的函数线性方程，则可得系统（县域农业物流生态圈）的特征矩阵。

$$\begin{bmatrix} \alpha & \alpha_1+\dfrac{1}{2}\alpha_3 X_2 & \alpha_2+\dfrac{1}{2}\alpha_3 X_2 \\ 0 & \alpha_4-\gamma_1-\rho X_1-\dfrac{1}{2}\beta_1 q_2 & -\dfrac{1}{2}\beta_1 X_1 \\ 0 & \beta_2 X_1 & -\gamma_2 \end{bmatrix}$$

在平衡点 $(S, X_1, X_2) = (0, 0, 0)$ 处,系统(县域农业物流生态圈)的特征根方程为:

$$\begin{vmatrix} \gamma-\alpha & -\alpha_1 & -\alpha_2 \\ 0 & \gamma-(\alpha_4-\gamma_1) & 0 \\ 0 & 0 & \lambda-(-\gamma_2) \end{vmatrix} = 0$$

得特征根 $\lambda_1=\alpha$,$\lambda_2=\alpha_4-\gamma_1$,$\lambda_3=-\gamma_2$。

γ_2 是系统(县域农业物流生态圈)序参量 X_2 的阻尼系数,根据系统(县域农业物流生态圈)Langevin 方程组的表示形式可知,$-\gamma_2$ 恒为负,即 $\gamma_3<0$ 恒成立,系统(县域农业物流生态圈)的稳定性由 α、α_4 和 γ_1 决定。

(2)特征根分析。县域农业物流生态圈协同演化的实质是按一定的目的和要求,原来有序度低的、分散的县域农业物流通过数字化的方式形成有序度高的、和谐的县域农业物流生态圈自组织功能和组织结构,从而发挥出强大的竞争优势,产生协同效应。其协同演化过程大致可分为四个阶段和三个相变,如表 3-4 所示。

表 3-4 县域农业物流生态圈生命周期的协同演化特征

系数取值	$\alpha<0$ 且 $\alpha_4<\gamma_1$	$\alpha<0$ 且 $\alpha_4=\gamma_1$	$\alpha<0$ 且 $\alpha_4>\gamma_1$	$\alpha=0$ 且 $\alpha_4=\gamma_1$	$\alpha>0$ 且 $\alpha_4<\gamma_1$	$\alpha>0$ 且 $\alpha_4=\gamma_1$	$\alpha>0$ 且 $\alpha_4>\gamma_1$
系统状态	混沌	相变临界点	初级有序 总体无序 局部有序	相变临界点	有序	相变临界点	高级有序
组织状态	独立组织	相变临界点	他组织	相变临界点	自组织	相变临界点	高级自组织
生命周期阶段	形成阶段		成长阶段		成熟阶段		衰退阶段
序参量		技术创新应用程度		资源协同整合能力为主,技术创新应用程度为辅		资源协同整合能力为主,技术创新应用程度为辅	

系统（县域农业物流生态圈）的发展会经过一个从弱到强的阶段，每个阶段内都有着不同的特征。可以用利润空间、市场规模、技术成熟度、企业行为四个变量来度量县域农业物流生态圈在不同发展阶段的特征，如表3-5所示。

表3-5 县域农业物流生态圈生命周期阶段的特征

变量	形成阶段	成长阶段	成熟阶段	衰退阶段
利润空间	利润空间较大，存在高额垄断利润	市场需求大，但利润空间缩小	企业边际利润进一步递减	企业边际利润等于或者小于零
市场规模	市场规模小，功能单一，但市场需求大，竞争压力大	市场规模逐渐开始增大，价格竞争开始，出现真正意义的物流企业	市场规模达到最大，物流巨头与规模较小的企业共同抢占市场份额	市场规模开始萎缩，竞争萧条，市场仅剩物流寡头，且其正在寻找退出机会
技术成熟度	物流技术不成熟，物流设备落后	物流技术和设备发展逐步成熟	物流技术和设备发展日趋成熟	物流技术和设备研发速度放缓
企业行为	资源投入增大但有限，大肆抢占市场，融资活动加快	技术、物流设备和人才等企业资源投入逐步加大，上市融资出现	企业资源投入稳定，为维持物流企业的正常运转，出现多种融资渠道	企业仅以少量资源投入或者撤销部分投入，以寻求新的行业增长点

3.4 县域农业物流生态圈数字化的系统相变原理

系统（县域农业物流生态圈）作为自组织，其数字化是一个"独立组织→他组织→自组织→高级自组织"的过程，对应的系统（县域农业物流生态圈）生命周期阶段为形成阶段、成长阶段、成熟阶段和衰退阶段，系统（县域农业物流生态圈）的发展必然要经过"形成→成长→成熟→衰退"的过程。结合基于粗糙集的系统（县域农业物流生态圈）自组织协同演化模型，分析在双序参量的情况下系统（县域农业物流生态圈）数字化的相变问题，有助于理解系统（县域农业物流生态圈）生命周期"四阶段，三相变"的内涵。

3.4.1 协调跃迁

系统（县域农业物流生态圈）的第一次相变（跃迁）发生在其生命周期从

形成阶段（混沌状态）向成长阶段发展的临界点，在系统序参量 X_1 技术创新应用程度的主导作用下，系统（县域农业物流生态圈）主体关系从独立关系逐渐走向弱相关关系。

（1）系统（县域农业物流生态圈）形成阶段的状态分析。当 $\alpha<0$ 且 $\alpha_4<\gamma_1$ 时，特征根均为负数，说明系统（县域农业物流生态圈）的独立关系平衡稳定。任何从（0，0，0）平衡点附近出发的轨线均收敛趋于零，即系统（县域农业物流生态圈）序参量 X_1 技术创新应用程度和 X_2 资源协同整合能力必随时间 t 衰减，不能形成合力或单独支配系统（县域农业物流生态圈）发生相变。方程组有唯一的稳定解 $(S, X_1, X_2)=$（0，0，0），说明形成阶段系统（县域农业物流生态圈）处于独立状态，系统（县域农业物流生态圈）主体之间是一种竞争关系，即使存在较大的随机涨落力，如市场需求等剧烈变化，也不能引起系统（县域农业物流生态圈）主体竞争关系的实质性变化。

此时，系统（县域农业物流生态圈）既存在着各自独立的运动趋势，也存在着相互联系、相互影响的合作运动趋势，即系统（县域农业物流生态圈）主体间同时存在竞争与合作的关系。系统（县域农业物流生态圈）协同演化动力的形成正是来自竞争和合作的相互作用。当系统（县域农业物流生态圈）进行资源协同合作的收益小于自身独立运作的收益时，县域农业物流业独立运行的趋势将大于合作运行的趋势，即县域农业物流企业之间更倾向于竞争，更多地依靠自己的力量或实力取得竞争优势。这时系统（县域农业物流生态圈）在宏观上表现为一种杂乱无章的混沌（无序）状态，这是一种独立组织的状态。

（2）系统（县域农业物流生态圈）临界状态分析。当 $\alpha<0$ 且 $\alpha_4=\gamma_1$ 时，系统（县域农业物流生态圈）各主体的独立竞争状态达到稳定的临界值，即系统（县域农业物流生态圈）的资源数量、质量或系统的结构和组织功能已经达不到或不能完全满足系统（县域农业物流生态圈）主体运作和自身生存与发展的要求。

（3）系统（县域农业物流生态圈）相变状态分析。当 $\alpha<0$ 且 $\alpha_4>\gamma_1$ 时，系统（县域农业物流生态圈）的增益系数 α_4 克服了序参量 X_1 技术创新应用程度的阻尼系数 γ_1，在系统（县域农业物流生态圈）涨落力（如并购交易的达成）

的作用下背离平衡点，支配系统（县域农业物流生态圈）突破稳定临界点，并引导县域农业物流生态圈数字化过程的第一次相变，出现新的初级有序，新的系统（县域农业物流生态圈）呈现出一种整体他组织、部分独立组织的状态。而另外一个序参量 X_2 资源协同整合能力却在其阻尼系数 γ_2 的作用下趋近于零，对系统（县域农业物流生态圈）的影响可以忽略不计。因此，县域农业物流生态圈数字化过程的第一次相变是由系统序参量 X_1 技术创新应用程度主导的。

此时，数字化技术创新活动是系统（县域农业物流生态圈）的动力。在序参量技术创新应用程度的推动下，系统（县域农业物流生态圈）独立运动的平衡状态受到破坏，系统（县域农业物流生态圈）开始吸收与融合外部资源，使系统（县域农业物流生态圈）发生从"形成阶段→成长阶段"的自组织相变。

3.4.2　协作跃迁

系统（县域农业物流生态圈）的第二次相变（跃迁）发生在其生命周期从成长阶段向成熟阶段发展的临界点，在系统序参量 X_1 技术创新应用程度和 X_2 资源协同整合能力的合力主导下，系统（县域农业物流生态圈）主体关系从弱相关关系（竞协）逐渐走向强相关关系（协作）。

（1）系统（县域农业物流生态圈）成长阶段的状态分析。当 $\alpha<0$ 且 $\alpha_4>\gamma_1$ 时，系统（县域农业物流生态圈）在序参量 X_1 技术创新应用程度和 X_2 资源协同整合能力的合力支配或引导下，不断产生正负反馈，不断向新的有序演化，而且在随机涨落的作用下，不断朝临界点逼近，但系统（县域农业物流生态圈）的运动方向可能会在正反馈的作用下呈反向变化。

由于系统序参量 X_1 技术创新应用程度和 X_2 资源协同整合能力形成的合力小于系统（县域农业物流生态圈）宏观向量（控制参量）的作用力，系统（县域农业物流生态圈）的状态没有出现突变，系统（县域农业物流生态圈）没有形成一种新的有序结构。在这个阶段，系统（县域农业物流生态圈）主体为实现做大做强和协同效应，特别是对于县域农业物流企业而言，会不断地制定和实施并购计划和方案，不断地吸收系统外部资源（企业强强联合），不断地调整县域农业物流生态圈的系统结构和组织功能。因此，整个系统（县域农业物流生态圈）处于他组织状态。此时，系统（县域农业物流生态圈）的涨落力主

3 县域农业物流生态圈概念模型与形成机理研究

要还是来自系统（县域农业物流生态圈）的外部环境，并通过以数字化为主的资本运作方式实现。

（2）系统（县域农业物流生态圈）临界状态分析。当 $\alpha=0$ 且 $\alpha_4=\gamma_1$ 时，系统（县域农业物流生态圈）出现分支（分岔）点，即系统（县域农业物流生态圈）处于向新的有序改变的临界状态，即系统（县域农业物流生态圈）在并购行为等涨落力的作用下，不断消化局部他组织现象，在系统结构和组织功能上将产生质的飞跃。

（3）系统（县域农业物流生态圈）相变状态分析。当 $\alpha>0$ 且 $\alpha_4<\gamma_1$ 时，系统序参量 X_1 技术创新应用程度和 X_2 资源协同整合能力形成的合力在并购行为等涨落力的作用下背离平衡点，支配系统（县域农业物流生态圈）突破稳定临界点，发生数字化自组织协同演化过程的第二次相变——"成长阶段→成熟阶段"的相变，出现新的有序状态，系统（县域农业物流生态圈）呈现出一种整体自组织、局部他组织的状态。此次相变时系统（县域农业物流生态圈）序参量 X_2 资源协同整合能力的作用力大于 X_1 技术创新应用程度的作用力。因此，系统（县域农业物流生态圈）此次相变的序参量是以 X_2 资源协同整合能力为主、X_1 技术创新应用程度为辅形成的合力，而涨落力主要来自系统（县域农业物流生态圈）内部各子系统（主体）及其各层次资源要素之间的并购整合，即系统（县域农业物流生态圈）在消化和吸收外部并购资源的过程中产生的相互作用。

3.4.3 协同跃迁

系统（县域农业物流生态圈）的第三次相变（跃迁）发生在其生命周期从成熟阶段向衰退阶段发展的临界点，在系统序参量 X_1 技术创新应用程度和 X_2 资源协同整合能力的合力主导下，系统（县域农业物流生态圈）主体关系从强相关关系（协作）逐渐走向更强相关关系（协同）。

（1）系统（县域农业物流生态圈）成熟阶段的状态分析。当 $\alpha>0$ 且 $\alpha_4<\gamma_1$ 时，系统（县域农业物流生态圈）进入成熟阶段，也即进入了自组织高级有序状态，此时系统（县域农业物流生态圈）一方面要与外界进行各种交换，另一方面受到系统（县域农业物流生态圈）内部各子系统"他组织"的规则、惯性等的影响。系统（县域农业物流生态圈）整体处于自组织的有序状态，局部处

于他组织的无序状态。

系统（县域农业物流生态圈）在序参量 X_1 技术创新应用程度和 X_2 资源协同整合能力的合力支配或引导下，不断产生正负反馈，不断向新的高级有序演化，而且由于企业间战略并购或大规模联合等随机涨落的作用，不断朝新的临界点逼近，但系统（县域农业物流生态圈）的运动方向可能会在正反馈的作用下呈反向变化。但序参量 X_1 技术创新应用程度和 X_2 资源协同整合能力形成的合力往往小于系统宏观向量的作用力，系统（县域农业物流生态圈）的状态没有出现突变，系统没有形成一种新的有序结构。系统的涨落力主要来自系统内部结构和组织功能的调整，并通过数字化方式实现。

（2）系统（县域农业物流生态圈）临界状态分析。当 $\alpha>0$ 且 $\alpha_4=\gamma_1$ 时，系统（县域农业物流生态圈）出现分支（分岔）点，即系统（县域农业物流生态圈）经过成熟阶段的系统结构和组织功能调整后，处于向新的、更高级的、组织更紧密的有序状态突变的临界状态。

（3）系统（县域农业物流生态圈）相变状态分析。当 $\alpha>0$ 且 $\alpha_4>\gamma_1$ 时，系统（县域农业物流生态圈）失去原有自组织有序的状态，系统序参量 X_1 技术创新应用程度和 X_2 资源协同整合能力形成的合力大于系统宏观向量的作用力，在随机涨落的作用下，引导系统（县域农业物流生态圈）的数字化过程发生第三次相变——"成熟阶段→衰退阶段"的相变，出现更加稳定的新结构，呈现出一种高级自组织的状态，但固化特征明显。在这次相变中，系统（县域农业物流生态圈）的增益系数 α_4 克服了序参量 X_1 技术创新应用程度的阻尼系数 γ_1，使得 X_1 技术创新应用程度的衰减速度小于 X_2 资源协同整合能力。因此，这次相变的序参量是以 X_1 技术创新应用程度为主、X_2 资源协同整合能力为辅形成的合力，而涨落则是由系统（县域农业物流生态圈）内部各子系统、各资源要素之间的相互作用及外部环境（特别是市场环境）的变化等引起的。

（4）系统（县域农业物流生态圈）高级自组织状态分析。县域农业物流生态圈数字化过程第三次相变的发生意味着县域农业物流生态圈已经产生协同效应，但系统功能与组织结构日趋固化。对于达到高级自组织状态的系统（县域农业物流生态圈），其系统序参量的自组织使命已经结束，但系统（县域农业物流生态圈）仍然不断向高的有序状态发展并逐步衰退。系统序参量 X_1 技

创新应用程度和 X_2 资源协同整合能力随着有序程度的不断提高都逐渐趋近于零，即系统（县域农业物流生态圈）原有的序参量逐渐退出历史舞台，系统继续寻找新的序参量。

3.5 县域农业物流生态圈数字化的自组织协同演化

如果县域农业物流生态圈协同演化的时间维度阐述的是县域农业物流生态圈如何从一颗种子长成参天大树、开花结果、凋零枯死的过程，那么县域农业物流生态圈协同演化的空间维度所刻画的就是在这个过程中的某一个时点或阶段，县域农业物流生态圈主体之间、主体与所处的外部环境之间的交互状态。因此，系统（县域农业物流生态圈）协同演化的研究必须结合空间进行，研究县域农业物流生态圈在协同演化过程中某个具体时点或阶段的组织方式、内部条件和外部环境等内容，包括其物化形式和法理形式等空间组织形式、主体空间网络化关系等方面的内容。

3.5.1 数字化技术创新的空间组织形式

对于自组织协同演化的空间性研究主要集中在空间组织变革的问题上，即从经济学和管理学的角度，研究系统或组织与外界交互的方式问题，即系统或组织的"外化"形式。以美国管理学家迈克尔·波特（Michael E. Porter）为代表的战略学派，倾向于从宏观的视角研究技术创新组织空间变革（国家或者是联盟、区域）的影响，如产业扩散和聚集等问题。以英国经济学家约翰·邓宁（John H. Dunning）为代表的组织学派，倾向于从微观的视角研究技术创新企业空间组织结构变革的影响，如跨国企业国际生产折衷相关理论等。以约瑟夫·熊彼特（Joseph A. Schumpeter）、意大利经济学家克瑞斯提诺·安东内利（Cristiano Antonelli）、英国经济学家克里斯托弗·弗里曼（C. Freeman）为代表的创新学派，则综合上述两种学派的观点，从学习经验、技术发展路径和企业创新战略等视角，关注企业技术创新的空间性问题，提出"创新经济"的概念，并从国家层面上关注技术创新的空间维度，提出"国家创新系统"的概念。目前，这方面的研究主要集中在技术创新空间（地理区位、区域国家等）扩散、转移和嫁接等问题上，未曾对技术创新空间组织形式进行分析。本书认为，县域农业物流生态圈的数字化是县域农业物流生态圈数字化技术创新成果、专利和标准在县域内的重要应用，并不是一个孤立的行为和现象，而是县域农业物流生态圈数字化技术创新成果、专利和标准与县域内外部环境各因素不断进行交流、博弈和合作的产物。

县域农业物流生态圈的空间组织形式主要是指农业物流数字化技术创新成果、专利与标准作为系统构成要件，在县域农业物流生态圈自组织协同演化过程中的某个时点或阶段所形成的市场化的商业化系统结构和组织功能，具有与其所处的外部环境相互联系、相互作用的开放性质，协同化、系统化推动县域农业物流生态圈自组织协同演化进程。

（1）县域农业物流生态圈数字化的外部环境。组织外部环境是指对组织所进行的各项活动具有直接或间接影响或约束的条件或因素的集合。县域农业物流生态圈的外部环境是指其外部的政治环境、社会环境、技术环境、经济环境等。县域农业物流生态圈数字化的外部环境实质上是县域农业物流生态圈数字化技术创新成果、专利和标准的空间组织形式，主要包括外部市场环境和法制环境等。

县域农业物流生态圈数字化的外部市场环境也称为县域农业物流协同大市场，规定了数字化技术创新成果、专利与标准在县域内应用的空间范围和空间组织形式。根据地理区位划分标准，县域农业物流生态圈数字化的外部市场环境可分为区域市场、国内市场和国际市场，并与法制环境能够形成一一对应的关系。县域农业物流生态圈数字化的法制环境是指一个国家的法律和制度等确立、执行和适用的活动及其过程，包括守法的氛围和法律监督力度等维度，是数字化技术创新成果专利化、专利标准化与标准垄断化的空间组织形式实现的前提和保障。

从数字化技术驱动商业模式创新的角度，县域农业物流生态圈的外部市场环境可分为线上市场（Online Market）、平台市场（Platform Market）和线下市场（Offline Market）等。这是一种建立在数字化技术创新基础上的全球大市场发展的新维度、新趋势，虽然打破了传统地缘化的全球大市场空间格局，导致传统的法制环境发生剧烈的变革，但并没有实质颠覆国际贸易的本质——以国家利益为主导的国际贸易市场竞争，只是更突出了国际贸易市场角逐中技术、专利和标准的重要地位，使数字化标准战略之争成为全球贸易市场竞争的首要

3 县域农业物流生态圈概念模型与形成机理研究

问题。

数字化技术创新的法制环境至少具有三个特点：一是标准包括国际、国家和行业等标准，约束力的空间范围最大；二是专利具有国家行政区域的空间限制，区域性最强；三是技术创新成果目前已经资产化，但被窃取和仿照的可能性最强，受法律保护的力度最弱。目前，各国政府正努力通过标准化建设的路径，营造保护知识产权、打击非法技术壁垒的法制环境。

（2）县域农业物流生态圈数字化的资源要素和组织功能。在市场外部环境和法制环境的共同作用下，县域农业物流生态圈数字化技术创新成果、专利和标准的空间组织功能将县域农业物流生态圈数字化的资源要素有机结合，形成数据流、商流、资金流、物流"四功能流"，如表3-6所示。

表3-6 县域农业物流生态圈数字化的"四功能流"诠释

功能流	释义
数据流	是指县域农业物流生态圈主体在某个具体时点或阶段采用各种方式和渠道，如问卷调查、面谈、抽样等调查统计法，应用计算机系统、通信网络等现代化的传递媒介，来实现数据的采集、处理、储存、传递、检索、分析和交流
商流	是指物品在流通中发生形态变化的过程，即由货币形态转化为商品形态，以及由商品形态转化为货币形态的过程，随着买卖关系的发生，商品所有权发生转移
资金流	是指用于生产和流通的基本要素，包括资金、厂房、设备、材料等物质资源及人力资源等
物流	是指根据用户的实际需要，将运输、储存、采购、装卸搬运、包装、流通加工、配送、信息处理等功能有机结合起来，实现物品从供应地向接收地的实体空间流动

县域农业物流生态圈数字化技术创新成果、专利和标准的空间组织并不是简单地将县域农业物流生态圈数字化技术创新成果、专利和标准搭积木般地直接堆放组合，而是必须把县域农业物流生态圈数字化技术创新成果、专利和标准放置在县域农业物流生态圈的外部环境之中进行分析。

（3）县域农业物流生态圈数字化的空间组织基本结构形式。县域农业物流生态圈数字化的"四功能流"并不是相互独立的，而是以数字化技术创新成果、专利、标准和资金等最活跃的资源要素为基础，按一定的优先次序紧密联系起来，汇聚成县域农业物流生态圈数字化的空间组织基本结构形式：信息链、供应链、资金链、价值链和技术链。这五条链"分工不分家",水乳交融,具体如表 3-7 所示。

表 3-7 县域农业物流生态圈数字化的空间组织基本结构形式

基本结构形式	释义	典型案例
信息链	是由事实(Fact)→数据(Data)→信息(Information)→知识(Knowledge)→情报或智能(Intelligence)五个节点构成的空间递进链环	如供求信息与商品信息在传递和交互时形成的信息链,包括因云计算、大数据和物联网等技术支持和服务而形成的平台化空间结构和布局
供应链	是指县域农业物流生态圈数字化技术创新成果、专利和标准之间存在的相互承接关系,形成了一种具有空间组织特征的产品或服务供应链	如纺织物流供应链:从棉花生产→皮棉加工→纱线纺织→坯布生产→印染→服装加工→销售各个环节的产业集聚形成的空间关联关系
资金链	是指市场上物质资本、自然资源、技术知识、人力资本等各种资本追逐利润所形成的空间集聚和渠道	如资本市场上的天使投资(AI)、风险投资(VC)和私募股权投资(PE)形成了"资本团",成为县域农业物流生态圈重要的融资渠道
价值链	是指一系列输入、转换与输出的活动序列集合,每个活动都有可能相对于最终产品产生增值行为,从而增强组织的竞争地位。包括基本增值活动和辅助性增值活动	如基本增值活动中,材料供应、产品开发、生产运行可以被称为"上游环节",成品储运、市场营销和售后服务可以被称为"下游环节"
技术链	是指县域农业物流生态圈数字化技术创新成果、专利和标准物化于具体的产品或服务中,成为再创新及其创新应用的载体	如纳米技术从技术创新成果转化为专利、标准,形成内涵式技术链,并在新型建材及涂料、电子信息、生态环保、新能源、生物医学工程等领域得到应用

资料来源:作者根据多方资料整理而成。

(4)空间组织形式。"四功能流,五结构链"以县域农业物流生态圈数字化商品或服务为载体,以县域农业物流生态圈数字化市场需求为导向,在广阔的、不断拓展的县域农业物流生态圈数字化市场空间中存在纵横交错、相互作用的关系,在县级行政区划内,形成"剪不断,理还乱"的空间组织结构,主要表现为市场化空间格局,如图 3-7 所示。

3 县域农业物流生态圈概念模型与形成机理研究

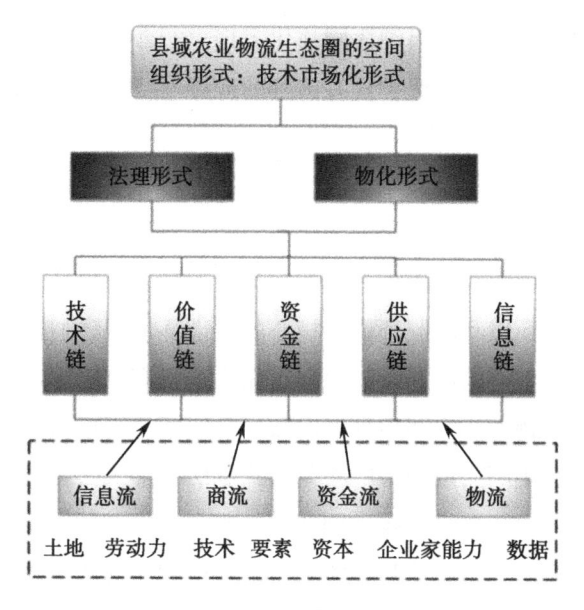

图 3-7 县域农业物流生态圈的空间组织形式

县域农业物流生态圈数字化技术市场化空间格局的微观含义是数字化技术创新成果、专利和标准物化于数字化商品或服务的流通过程中,形成县域农业物流生态圈数字化的功能体系,即县域农业物流生态圈数字化技术创新成果、专利和标准等资源要素通过自组织活动,逐步形成信息流、商流、资金流、物流"四功能流"的空间组织功能;宏观含义是县域农业物流生态圈数字化技术创新成果、专利和标准通过自组织活动,逐步形成信息链、产业链、价值链、供应链与技术链等组织结构,实现区域化或全球化的产业空间布局、流通渠道建设、市场供需体系优化等。

县域农业物流生态圈数字化技术创新成果、专利和标准的空间组织不仅是由"四功能流,五结构链"支撑而成的功能体系,也是与外部环境(如地理区位、法理人情等)交互而成的开放式自组织系统结构,是内外部市场化形式的有机结合。内部市场化形式是指县域农业物流生态圈数字化技术创新成果、专利和标准在归属上具有产权性、在保护上具有法律强制性、在范围上具有普适性、在制定上具有严格的法律程序和规范的内容界定等,即内部市场化形式具有空间层次性和法律规范性。外部市场化形式是指由于不同行业、不同地区、不同国家的法律强制性和保护力度各不相同,县域农业物流生态圈数字化技术创新成果、专利和标准的自组织协同演化表现出行业约束性、国别限制性、国家强制性等特性，如专利的保护具有国别的地域性特征、标准的适用具有等级的地域性特征等。

综上所述，县域农业物流生态圈数字化技术存在三种形态，即技术创新成果、专利和标准，具有自组织协同演化的空间性特征，得出一个基本结论：从空间维度出发，县域农业物流生态圈数字化技术创新成果、专利和标准协同演化是在以市场外部环境和法制环境为核心的外部环境中，通过县域农业物流生态圈"四功能流、五结构链"形成内部组织形式具有结构层次性、法理性，外部组织形式具有实物性、空间地理性的数字化空间组织形式，主要包括县域农业物流生态圈数字化商品或服务的物化形式和法理形式。在县域农业物流生态圈数字化空间组织中，数字化技术创新是基础和动力，数字化信息是导向，资本是商业圈的动力之一，物流是实体平台，各国相应的法律和国际条约或协定是基本约束与保障，它们共同构建了县域农业物流生态圈数字化空间组织的协同演化机制。县域农业物流生态圈数字化技术创新成果、专利和标准协同演化通常具有一定程度的空间集中特性和空间依赖特性。

同时，我们还注意到，县域农业物流生态圈数字化不断刺激"数据+"生态系统的进化，数据逐渐成为数字经济的主导性生产要素。因此，推动县域农业物流生态圈数字化，逐步实现县域农业物流生态圈高质量发展，必须以数据共享盘活农村物流资源要素，以数据流融合提升农村物流供给能力和服务水平，以数据链协同优化供应链、资金链、价值链、技术链等结构网链。

3.5.2　数字化技术创新及应用的空间分布测度

目前，县域农业物流生态圈数字化技术创新成果、专利和标准创新与应用的空间性研究已从原来技术创新的地理区位优势、空间扩散等方面向空间分布和空间溢出效应等方面发展，并倾向于应用空间计量学方法对县域农业物流生态圈数字化进行实证分析，即进行县域农业物流生态圈数字化空间分布测度方面的研究。因此，数字化技术空间分布是县域农业物流生态圈数字化技术创新成果、专利和标准空间性研究的重要内容。

（1）数字化技术创新及应用的空间分布及测度分析。县域农业物流生态圈数字化技术创新及应用的空间分布也可以称为技术创新的空间布局或空间配置，是指县域农业物流生态圈数字化技术创新及应用在一定地域空间（区域、国家乃至全球）范围内的分布、组合和排列。具体来说，县域农业物流生态圈数字化技术创新及应用的空间分布是指在一定县域空间范围内技术创新及应用主体、资源要素和组织功能三者的集中、离散和相关状态。

第一，数字化技术创新及应用的空间影响因素分析。在区域和国家层面，数字化技术创新及应用的空间分布是指数字化技术创新及应用的空间扩散、转移、嫁接与集聚的战略部署；在全球化层面，数字化技术创新及应用的空间分布是国与国之间针锋相对的竞争。数字化技术创新及应用的空间分布不仅是数字化技术创新及应用的生态结构在地域空间上的分布规律表象，体现县域经济社会发展的技术水平，而且也是涉及县域多层次、多领域、多产业、多因素的具有完整性和长期性的经济社会空间活动。根据波特的竞争理论，在市场经济条件下，数字化技术创新及应用的空间分布受到技术、市场、政府和企业等因素的影响，包括进入壁垒、替代技术威胁、买方议价能力、卖方议价能力以及现存竞争者之间的竞争状况这五种力的影响。客观上不同类型、不同地域的数字化技术创新及应用对分布的外部环境的要求存在一定的差异性，也使数字化技术创新及应用的空间分布相应地具有不同的空间布局、功能结构、组织形式和基本倾向或趋势。

第二，数字化技术创新及应用的空间分布测度。空间分布测度是一种空间计量方法，也是经济地理学常用的工具，主要用于发现数字化技术创新及应用的空间关系和进行空间分布的合理性、科学性与预测性分析，如表3-8所示。

表3-8 数字化技术创新及应用的空间分布测度指标

测度方法	公式	释义及特点
标准差系数	$VCO = N\sqrt{\dfrac{\sum(S_i)^2 - \sum(S_i)^2}{N(N-1)}}$	即样本标准差，是最为简单、直观的测度
集中率	$CR_n = \sum\limits_{i=1}^{n} S_i$	直接指向技术创新集聚区域的个数n，n的取值范围直接影响结果
集中指数	$I = \left(1 - \dfrac{H}{T}\right) \times 100$	反映空间分布与创新分布的关系

续表

测度方法	公式	释义及特点
赫芬达尔指数	$HHI_a = a - 1\sqrt{\sum_{i=1}^{n} S_i^a}$	a 的取值不同，对分布差距的敏感度不同
区位基尼指数	$G = \dfrac{n}{n-1} \times \dfrac{1}{2n^2 \bar{S}} \sum_{i=1}^{n} \sum_{j=1}^{n} \|S_i - S_j\|$	对中等水平的变化敏感
Theil 指数	$GE(c) = \begin{cases} \dfrac{1}{c(c-1)} \sum_{i=1}^{n} \left\{ \dfrac{p_i}{p} \left[\left(\dfrac{x_i}{\bar{x}}\right)^c - 1 \right] \right\} & \text{if } c \neq 1,0 \\ \sum_{i=1}^{n} \dfrac{p_i x_i}{p\bar{x}} \log\left(\dfrac{x_i}{\bar{x}}\right) & \text{if } c = 1 \\ \sum_{i=1}^{n} \dfrac{p_i}{p} \log\left(\dfrac{\bar{x}}{x_i}\right) & \text{if } c = 0 \end{cases}$	GE（1）对高水平的变化敏感；GE（0）对低水平的变化敏感
E–G 指数	$EG = \dfrac{\sum_{i=1}^{n}(S_i - P_i)^2 - \left(1 - \sum_{i=1}^{n} P_i^2\right) \sum_{j=1}^{m} Z_j^2}{\left(1 - \sum_{i=1}^{n} P_i^2\right)\left(1 - \sum_{j=1}^{m} Z_j^2\right)}$	反映自然优势和溢出优势两种动力推动下的集中程度，可用于不同数据层面的比较
GCI 指数	$GCI = \dfrac{\sum_{i=1}^{n} U_i T_i}{\left[\sum_{i=1}^{n} U_i\right]^{1/2} \left[\sum_{i=1}^{n} T_i\right]^{1/2}}$	反映分布结构差异及其之间的溢出情况
Moran's I 指数	$I = \dfrac{n}{\sum_{i=1}^{n}(y_i - \bar{y})^2} \dfrac{\sum_{i=1}^{n} \sum_{j=1}^{m} W_{ij}(y_i - \bar{y})(y_j - \bar{y})}{\sum_{i=1}^{n} \sum_{j=1}^{m} W_{ij}}$	揭示集中区域的空间位置关系

资料来源：作者根据多方资料整理而成。

（2）数字化技术创新及应用空间分布动力学模型。从空间与时间关联的角度分析，数字化技术创新及应用的空间分布主要是指数字化技术创新及应用在自组织协同演化过程中的某个时点或阶段的状态，即时间间隔严格服从幂律分布。①在不同的间隔时间，数字化技术创新及应用发生的次数是相互独立的；②在时刻 t，数字化技术创新及应用的强度函数为 $\lambda(t) = b/(at+1)$，表示数字化技术创新及应用在某个时点或阶段的能力，其中，$a \geq 0$，$b > 0$，$\lambda(t)$ 表示数字化技术创新及应用成功的能力随时间不断衰减，直至完全消亡，a 表示数字化技术创新及应用的能力衰减系数，越大衰减越快，b 越大衰减越慢；③在 t

3 县域农业物流生态圈概念模型与形成机理研究

与 t+dt 之间，数字化技术创新及应用发生一次的概率为 $\lambda(t)dt$，dt 时间内几乎不会发生 2 次以上（含 2 次）。

首次数字化技术创新及应用的时点记为 T_1。当 n>1 时，以 T_n 表示第 n–1 个数字化技术创新及应用时点与第 n 个数字化技术创新及应用时点的时间差。第 n 个数字化技术创新及应用的时点记为 S_n。根据数字化技术创新及应用动力学模型假设，数字化技术创新及应用形成一个强度为 $\lambda(t)=b/(at+1)$ 的非齐次 Poisson 过程函数 $N(t)$，序列 $\{T_n, n=1, 2, \cdots\}$ 为 $N(t)$ 的到达间隔时间列。则：

$$\begin{aligned}
&P\{T_{n+1}>t\} \\
&= \int\cdots\int P\{T_n+1>t|S_n=x_n,\cdots,S_1=x_1\}\int S_1,\cdots,S_n(x_1,\cdots,x_n)dx_1\cdots dx_n \\
&= \int_0^\infty dx \int_0^{x_n} dx_{n-1} \int_0^{x_{n-1}} dx_{n-2} \cdots \int_0^{x_3} dx_2 \int_0^{x_2} \exp\left\{-\int_0^{x_n+t}\lambda(u)du\right\} \prod_{i=1}^n \lambda(x_i)dx_i \\
&= \frac{b^n}{(n-1)!\ a^{n-1}} \int_0^\infty \frac{\ln^{n-1}(ax+1)}{(a(x+t)+1)^{\frac{b}{a}}(ax+1)}dx \\
&= \frac{b^n}{(n-1)!\ a^n} \int_0^\infty \frac{y^{n-1}}{(e^y+at)^{\frac{b}{a}}}dy
\end{aligned}$$

因此，数字化技术创新及应用间隔时间 T_{n+1} 的分布函数为：

$$F_{T_{n+1}}(t) = 1 - \frac{b^n}{(n-1)!\ a^n}\int_0^\infty \frac{y^{n-1}}{(e^y+at)^{\frac{b}{a}}}dy$$

当 a=0 时，数字化技术创新及应用间隔时间 T_{n+1} 的分布函数为：

$$F(t) = \lim_{n\to 0}F_{T_{n+1}}(t) = 1-\lim_{n\to 0}\frac{b^n}{(n-1)!\ a^n}\int_0^\infty \frac{y^{n-1}}{(e^y+at)^{\frac{b}{a}}}dy = 1-e^{-bt}$$

当 a=0 时，数字化技术创新及应用间隔时间 T_{n+1} 的分布函数为指数分布，模型退化为齐次 Poisson 过程。

当 a>0 时，数字化技术创新及应用间隔时间 T_{n+1} 的分布函数为：

$$f_{T_{n+1}}(t) = \frac{b^{n+1}}{(n-1)!\ a^n}\int_0^\infty \frac{e^{-(1+\frac{b}{a})y}y^{n-1}}{(1+ae^{-y_t})^{1+\frac{b}{a}}}dy$$

当 T 充分大时，数字化技术创新及应用的密度函数为：

69

$$f_{T_{n+1}}(t) \approx \frac{b^{n+1}}{(n-1)!\ a^n} \int_0^T \frac{e^{-(1+\frac{b}{a})\gamma} y^{n-1}}{(1+ae^{-y_t})^{1+\frac{b}{a}}} dy$$

由积分中值定理可知，存在 $\varepsilon \in [0, T]$，使得：

$$f_{T_{n+1}}(t) \approx \left(\frac{b^{n+1}}{(n-1)!\ a^n} \int_0^T e^{-(1+\frac{b}{a})\gamma} y^{n-1} dy \right) \frac{1}{(1+ae^{-t})^{1+\frac{b}{a}}}$$

$$= \frac{b^{n+1}}{(a+b)^n}(1 - \frac{1}{(n-1)!}\Gamma(n,(\frac{b}{a}+1)T)) \frac{1}{(1+ae^{-t})^{1+\frac{b}{a}}}$$

$$= \frac{b^n}{(n-1)!\ a^{n-1}} \int_0^\infty \frac{\ln^{n-1}(ax+1)}{(a(x+t)+1)^{\frac{b}{a}}(ax+1)} dx$$

$$= \frac{b^n}{(n-1)!\ a^n} \int_0^\infty \frac{y^{n-1}}{(e^y+at)^{\frac{b}{a}}} dy$$

$\Gamma(n,x) = \int_x^\infty e^{-y} y^{n-1} dy$ 是不完全的 Gamma 函数。间隔时间 T_{n+1} 的分布函数是幂律指数为 $\gamma = \frac{b}{a}+1$ 的幂律分布，由于 $a>0$，$b>0$，故指数范围在区间（1，∞）内。

$f_{T_{n+1}}(t)$ 为数字化技术创新及应用的空间分布动力学模型。当 $a=0$ 时，服从参数为 b 的指数分布；当 $a>0$ 时，服从幂律分布，幂律指数可以是大于 1 的实数；若 $b \leq a$ 时，即数字化技术创新及应用的能力衰退系数 $\frac{b}{a} \leq 1$ 时，则 $1 \leq \gamma \leq 2$。

假设数字化技术创新及应用的衰减函数为 $\frac{1}{1+ai}$，$i=1, 2, \cdots$，若数字化技术创新及应用在时刻 t 发生，则在时刻 $t+1$ 发生衰减的概率为 $\frac{1}{a+1}$，则：

$P\{$在时刻 $t+1$ 数字化技术创新及应用发生$\}$

$$=P\left\{\begin{array}{l}\text{在时刻 }t+1\text{ 数字化技术}\\ \text{创新及应用发生}\\ \hline \text{在时刻 }t\text{ 数字化技术}\\ \text{创新及应用发生}\end{array}\right\} + P\left\{\begin{array}{l}\text{在时刻 }t+1\text{ 数字化技术}\\ \text{创新及应用发生}\\ \hline \text{在时刻 }t\text{ 数字化技术}\\ \text{创新及应用不发生}\end{array}\right\}$$

3.5.3 数据网络的空间关系

传统产业的数字化转型是我国经济转向高质量发展阶段的重要任务之一。

3 县域农业物流生态圈概念模型与形成机理研究

数字化转型是物流业高质量发展的核心内容。数字经济的"新生态"必然要求数字化的"新业态"与之匹配。数字物流作为数字经济发展到一定阶段的必然产物，不仅是解决我国物流业成本高、效率低等发展瓶颈的重要抓手，也是农村物流业数字化转型的主要模式。数字物流是物流业高质量发展的主方向，需加强物流主体的信息处理能力，构建互联共享的物流信息体系，重塑物流业务流程，创新物流运营模式。物联网、区块链、5G等数字技术的创新应用是农村数字化转型的技术驱动力，产生了"区块链＋冷链物流"、无人机配送等技术应用创新模式。电商物流、众包物流、共享物流等商业模式创新是农村物流数字化转型的重要内容（谢莉娟，2015；汪旭晖和张其林，2016）。信息链、供应链、价值链、产业链等结构网链的数字化变革是农村物流数字化转型的核心问题（赵晓飞和李崇光，2012；Handayati et al，2015；邬文兵等，2017）。"铁公基"、"云网端"、数字物流服务等需求将形成规模巨大的农村物流数字化蓝海市场（孔栋等，2016）。大批数字平台企业进入农村物流市场，成为农村物流数字化转型的中坚力量。

（1）数据网络的空间性。从组织行为学的角度出发，县域农业物流生态圈已经突破传统创新网络的范围，不仅包含县域农业物流生态圈数字化技术创新及应用者（一般为企业）形成的内部网络和通过社会关系进行空间扩散形成的外部网络，也包含县域农业物流生态圈数字化技术创新及应用者（一般为企业）与其外部主体（如政府、国际标准组织、大学研究机构、社会中介组织、企业等）进行数据博弈形成的网络化关系。因此，数据网络具有空间性的特征。

（2）数据网络的连接性。县域农业物流生态圈技术创新及应用者所形成的数据网络是县域农业物流生态圈各主体在数字化技术创新成果、专利和标准的创新及应用过程中，以数据为生产要素，相互合作、共同努力，形成的具有价值性、空间性的数据网络。县域农业物流生态圈数字化主体之间相互合作得越多，数据网络就越紧密，从而越能集中力量进行更高层级的自组织协同演化或相变。数字化技术创新及应用者要实现县域农业物流生态圈数字化技术创新成果、专利和标准的创新及应用，必然要求与外部力量（如政府、国际标准组织、大学科研机构、社会中介组织、企业等）进行竞争合作，共同构建数字化技术创新成果、专利和标准协同转化的外部数据网络。

（3）数据共享联盟。当前县域农业物流还处于市场发展的初级阶段，物流企业良莠不齐，质量普遍较差。为了统一技术规范，提高行业发展潜力，提高行业产品质量，让行业呈现良性发展，某些具有较高应用价值的数据网络，通过行业协会和政府的支持，成立了数据共享联盟。数据掌握者利用掌握数据共享联盟话语权的优势，强行将数据在共享联盟内部推广应用，提高整个农业物流业数据应用与分析的水平，进而应用数据分析成果扩大产品或服务的市场份额，将数据转化为生产力。这种数据共享联盟在自组织协同演化的过程中逐渐形成了内部数据网络，核心数据掌握者特别关注技术联盟内各成员共同的核心利益，并从县域农业物流生态圈数字化发展的大局出发，适当收取数据使用许可费。

综上所述，从协同演化的视角出发，数据的空间分布在空间上表现为点，数据链的空间分布表现为线，而数据网络的空间分布表现为面。这些点、线、面在主体间的协同演化、相互作用，共同构成了县域农业物流生态圈数据网络熊彼特三阶段递进的空间网络关系。

3.6 县域农业物流生态圈主体的数字化协同关系

数字经济改变了传统产业的运作模式，跨界、融合已经成为主旋律，各企业跨边界、跨企业、跨行业进行协同合作、融合已经成为新生态。随着"互联网+县域农业物流"的升级改造，以及大数据、云计算、移动互联网、物联网等技术的日益成熟和应用，系统（县域农业物流生态圈）主体共同聚焦于数字经济的本质要素——人，即以用户数据为着力点，更加关注用户的需求和个性化的发展，自发形成以用户数据为核心、以产业数据协作为目标的共生共融的数据生态网络，进一步增强核心竞争力。同时，数字经济将人与场景、服务、产品进行有效的连接（物联网），直接面对、接触用户，为不同场景的用户提供物流配送服务。因此，在数字经济驱动下，县域农业物流生态圈的建立是必然。

3.6.1 县域农业物流生态圈主体的协同关系

县域农业物流生态圈的准入门槛低，但巨大的长尾市场效应吸引了众多行业进入者。因此，县域农业物流市场的中小型企业数量偏多。由于中小型企业缺乏必要的市场细分、管理以及人员培训等经验，导致县域农业物流市场业务同质化严重，竞争程度日益加剧，行业秩序混乱，严重阻碍了县域农业物流业的高质量发展。与大型县域农业物流企业相比，县域农业物流生态圈的中小型企业在资源投入、技术创新等方面都处于弱势，亟待改进。资金的匮乏和经营理念的偏差，使县域农业物流生态圈的发展进入"自给自足"的状态，无法发展壮大。县域农业物流生态圈的大型企业虽然具备管理、资金、技术和人员等方面的优势，但面对县域农业物流市场所具有的地址分散性大、配送点频率低等长尾难题，仍然无法拿出合适的县域物流解决方案。因此，县域农业物流生态圈中小型企业及大型企业具有很强的互补性，应把握数字经济下乡的契机，以"数据→数据链→数据网络"为主线快速进行资源整合。

（1）横向协同关系。县域农业物流生态圈主体的横向协同关系是县域农业物流生态圈同一层次主体之间的协同关系。在县域农业物流生态圈数字化过程中，县域农业物流龙头企业必须先对内部业务流程进行有效的协同管理，实现县域农业物流生态圈主体关系的有机统一。县域农业物流龙头企业可利用技术和资金方面的优势，以"数据→数据链→数据网络"为主线，建立起开放式的县域农业物流生态圈、互动型的乡村线上线下协同平台，通过数据网络平台连接中小型物流企业，推动多主体在资源、人员、技术等方面的对接，从而实现县域农业物流生态圈各主体之间的信息共享、订单合并以及资源整合统一运作，提高县域农业物流生态圈整体运行绩效。县域农业物流生态圈主体的横向协同关系更重要的是实现不同主体在企业文化和经营理念等方面的融合创新，促进县域农业物流生态圈内大中小型物流企业树立共创共赢、服务用户的运营理念，并加强对县域农业物流生态圈内大中小型物流企业员工的培训和管理，使其养成协同经营理念，共同将县域农业物流生态圈文化"软实力"做实做大做强。

（2）纵向协同关系。县域农业物流生态圈的纵向协同关系是促使县域物流市场企业生态系统形成闭环的一个重要因素。通过县域农业物流生态圈内上下游物流企业的纵向协同，可以实现县域农业物流生态圈去中间环节和平台化，推动县域农业物流生态圈物流企业进行现有配送服务升级、技术标准创新及价值创造。以数据网络建设为抓手,增强县域农业物流生态圈物流企业的关联度,可以提高市场分析预测能力,共同制定市场计划和目标。以资本运作为基础,加强县域农业物流生态圈的金融、技术等资源要素融合,可以有效地应对县域农业物流市场的不确定性,更好地满足用户对高质量、个性化服务的需求。

要构建县域农业物流生态圈,不仅需要依靠县域农业物流生态圈内上下游企业,也需要吸引更多的外部关系(如咨询公司、物流协会、金融机构、政府部门等)进驻县域农业物流生态圈互联网平台,并针对农业物流行业标准、县域物流市场未来发展、政策制定等内容,展开更深层次的数字化合作,进一步提高企业对县域农业物流市场的适应性和专业化服务水准,从而在提高县域农业物流生态圈效益的同时,为用户创造更高的价值。

因此,对于县域农业物流生态圈而言,其主体横向、纵向协同关系无论是在理论层面还是在操作层面都能促进县域农业物流生态圈的自我发展和自我完善。应以数据为生产要素,围绕县域农业物流生态圈信息流、商流、物流、资金流"四功能流"调动更多的资源要素,激发县域农业物流市场的个性化需求,实现县域农业物流生态圈主体间信息链、供应链、资金链、价值链和技术链"五结构链"的协同,降低配送成本,提高服务质量,提升县域广大消费者的体验,如图 3-8 所示。

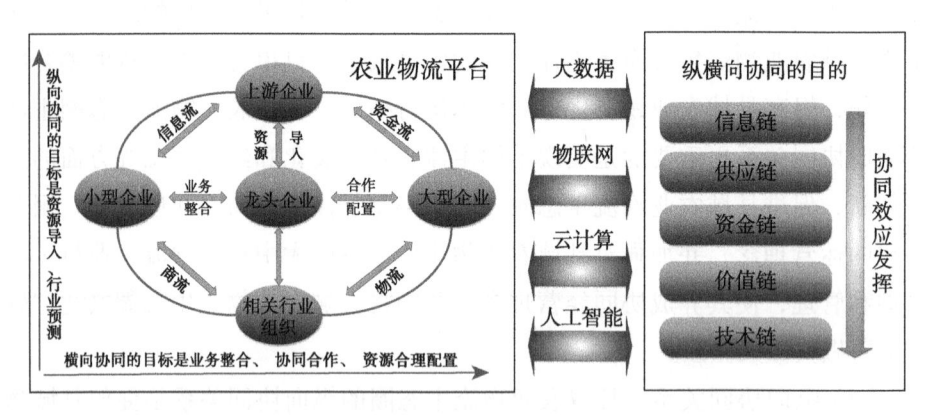

图 3-8 县域农业物流生态圈主体的横向、纵向协同关系

3.6.2 县域农业物流生态圈主体的数字化生态关系

伴随着数字经济的飞速发展，县域农业物流生态圈的数据资源已经出现了数据爆炸、数据泛滥、数据失衡、数据失真等严重问题。更为严重的是，县域农业物流生态圈的物流企业为应对物流市场竞争，相应提高了数据应用壁垒，采取了数据保护手段，导致县域农业物流生态圈数据资源的共享性、共生性、可用性、易用性等受到极大的限制。随着县域农业物流个性化的消费需求急剧升温，对于县域农业物流生态圈而言，单向、粗放式的数据收集根本无法适应市场需求。因此，应运用云计算、大数据、物联网、人工智能等数字技术，利用数字技术高效低成本、拓展性强等优势，加强县域农业物流生态圈主体之间数据的协同管理，增进县域农业物流生态圈主体之间的共享融合，在平台中构建县域农业物流数据生态系统。

（1）"众智，众享，众筹"的共享生态关系。县域农业物流数据生态系统由个体和组织两大主体构成。个体主体主要指参与数据生态系统的个人，如配送人员、用户等；组织主体包括同城企业、金融机构、行业协会及政府相关部门等。系统中的多主体之间以平台为载体相互协作，创建多渠道的数据获取机制，消除数据孤岛现象的不利影响。大数据、云计算技术的应用也带来了云数据的产生和数据质量、预测形式等多方面的变化，实现了对所获取数据的规范化处理，并通过多维数据分析与数据挖掘技术等提取组织所需的各类数据，从而让数据生态系统更加柔性化和动态化，为系统成员的数据共享和集成创造条件。

在海量数据中，不仅仅只有订单配送数据，还包括行业数据、政策数据。在云计算和大数据的支持下，企业的数据分析预测能力显著增强，可以通过用户消费数据挖掘出用户的潜在需求，制定出个性化的配送方案，并在数据精准度、时效性提高的基础上，合理安排运力、分配任务，加强系统成员间的协同管理，实现"天网地网"的无缝对接、高效运作，从而进一步提高用户评价和配送服务质量，增强企业的协同合作，为企业带来更高的收益。

（2）县域农业物流生态系统主体关系协同演化。县域农业物流生态圈的自组织协同演化是围绕县域农业物流生态圈内部子系统的战略层、协调层、运作层、支持层四个层级进行"协作开拓→协调发展→协同创新"的循环创新的过程，如图3-9所示。

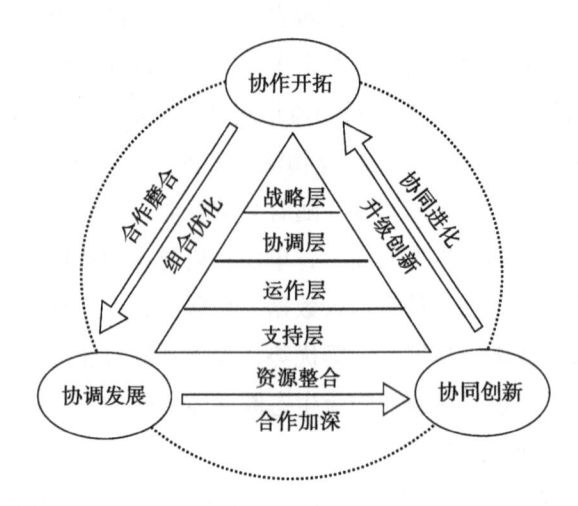

图 3-9 县域农业物流生态系统主体关系协同演化逻辑

县域农业物流生态圈的协同管理实际上是其核心产品——物流服务的生命周期协同演化的过程，即形成期→成长期→成熟期→衰退期。当进入衰退期之后，相关主体又会集中到开发新产品或新服务上，进入县域农业物流生态圈的下一个生命周期循环。结合产业生命周期演化的理念和"协作相变→协调相变→协同相变"的协同演化相变（跃迁）原理，县域农业物流生态圈主体关系协同演化过程可划分为协作开拓、协调发展、协同创新三个阶段。

在协作开拓阶段，县域农业物流生态圈主体的主要任务是：第一，明确自身的核心能力及与其他主体合作所需要的资源；第二，筛选、匹配县域农业物流生态圈的合作伙伴，设计合法、高效、互利的协作机制，签署具有法律效力的合作协议（合同），建立高度信任的合作关系。协作开拓阶段是企业协同演化的起始阶段，通过从非组织化向组织化的演变，企业与企业之间进行初步融合，并在非核心业务方面展开合作和磨合。

在协调发展阶段，县域农业物流生态圈主体的组织程度由低向高演化，系统（县域农业物流生态圈）主体以平台为载体，将主体自身的资源导入，建立健全数据反馈及沟通交流机制，形成较为良性开放的生态圈。此外，伴随着县

3 县域农业物流生态圈概念模型与形成机理研究

域农业物流生态圈各主体发展程度的提升,主体间的合作关系、资源共享程度不断加深,成员之间随之形成了商业共同体,并制定出相应的行业标准,规范了县域农业物流生态圈的运行秩序。同时,数字技术的创新及应用,也使得县域农业物流生态圈主体可以对县域内外部环境和市场需求的变化做出快速协同反应,提升效率,推动县域农业物流行业的发展。

在协同创新阶段,县域农业物流生态圈的组织结构、运作方式、规模和技术水平相互适应,实现资源和数据的共享,系统成员得到高度整合、共同进化,县域农业物流企业的商业模式得到拓展和创新,配送服务质量和用户评价得到提升,打造出一个柔性开放的企业生态系统,在功能和组织结构上实现了由简单向复杂的转变。但是,任何一种商业模式必须根据时代的发展进行改进升级,特别是在数字经济的大背景下,机遇与挑战并存,要推动生态圈的升级壮大,就必须不断挖掘潜在需求,以用户为中心,通过发展新业务和创造新业态,提供更多的价值,这就是一个再循环的过程。可以说,协同创新阶段不仅是县域农业物流企业生态系统最为完整复杂的阶段,更是为未来增强系统凝聚力和创新力奠定坚实基础的初始阶段,是促进企业生态系统良性进入下一次循环的关键阶段。

综上所述,县域农业物流生态圈的运作过程存在复杂度高、服务范围广、资源配置差等问题。因此,必须进行跨企业、跨边界、跨组织的协同管理,以数字经济为抓手,以物流企业间的数据协同为目的,加强成员及企业的联系互动,构筑以"大智移云"四大体系为基础的县域农业物流生态圈智能辅助系统,利用技术手段,增强县域农业物流生态圈内各成员及企业的协同度和核心竞争力,从而形成一个紧密的"自组织"体系,发挥出"1+1>2"的协同效应。

3.7 县域农业物流生态圈协同发展动力机制

县域农业物流生态圈协同发展的动力机制由动力形成机制、动力实现机制、动力作用机制三部分组成,它们之间相互联系、相互作用、相互促进,使整个县域农业物流生态圈流畅而有效地运转,达到协同管理的目标——实现协同效应。

3.7.1 县域农业物流生态圈的动力形成机制

县域农业物流生态圈的动力形成机制主要是指使县域农业物流生态圈由无序向有序变化的一系列机理及作用，即动态地评估县域农业物流生态圈管理现状与协同管理目标间的差距，并从差距中识别机会，通过对机会的价值判定，确定进行协同管理的内容并将这种可能性转化为事实的机制。

县域农业物流生态圈的动力形成机制主要由以下三个关键机制构成。

（1）县域农业物流生态圈的动力评估机制。县域农业物流生态圈的动力评估机制通过比较管理目标与管理现状间的差距，并结合相关外部环境进行对比分析，确定采取行为的方式。因此，制定合理的协同管理目标与识别县域农业物流生态圈的协同管理现状显得尤为重要。在具体的实施中，可以根据需要建立合理的评价标准进行比较、分析和评价。动力评估机制是协同管理机制系统中的基础性机制。

（2）县域农业物流生态圈的机会识别机制。从系统论的角度来看，县域农业物流生态圈处于不稳定状态是机会识别的前提条件。因此，县域农业物流生态圈的机会识别机制就是在定量和定性分析县域农业物流生态圈发展态势和制约因素的基础上，采取合适的理论和方法（数学模型分析、价值链及其拓展等方法），对能引导县域农业物流生态圈逐步实现数字化协同管理目标的机会和条件进行识别。

（3）县域农业物流生态圈的价值识别机制。县域农业物流生态圈的价值识别机制主要是比较协同产生的协同价值与协同带来的成本之间的大小关系。价值识别过程应当以协同价值最大化为原则，挖掘出县域农业物流生态圈协同资源产生的最大协同价值。在县域农业物流生态圈机会识别过程中，可能会找到不止一种可以协同的机会，对这些机会的价值进一步比较分析，不仅可以确定捕捉到的机会是否真的可以给县域农业物流生态圈带来价值，同时还有助于县域农业物流生态圈在数字化过程中处理捕捉到的机会和条件，分清这些机会和条件的主次关系，为进行协同管理提供解决方法或方案。

3.7.2 县域农业物流生态圈的动力实现机制

县域农业物流生态圈的动力实现机制是县域农业物流生态圈主体协同处理

3 县域农业物流生态圈概念模型与形成机理研究

其各种资源形成的关系,以实现协同管理的目标即协同效应的机制。县域农业物流生态圈的动力形成机制主要识别可能存在的协同机会和条件,分析协同机会和条件的价值,而县域农业物流生态圈的动力实现机制更具体地讨论实现这些可能性的条件和因素,主要由沟通协调机制、重组机制、支配机制和检验反馈机制构成。

(1) 县域农业物流生态圈的沟通协调机制。县域农业物流生态圈的沟通协调机制是指县域农业物流生态圈内外部相关者在互相信任的前提下,构建有效的沟通协调渠道,形成互动型交流、沟通和协调平台,支持县域农业物流生态圈不断深入推进协同管理,实现协同管理目标的机制。相互信任有助于内外部相关者共同挖掘资源潜力、实现资源共享,更好地实现信息沟通,更好地相互配合,取长补短,协同发展。

若内外部相关者之间缺乏信任,往往很难实现真正意义上的协同管理。因此,构建有效的沟通协调机制是建立县域农业物流生态圈动力实现机制的关键,它可以使整个县域农业物流生态圈及其子系统的各种资源更好地产生协同效应,更好地发挥整体功能。在构建县域农业物流生态圈的沟通协调机制的过程中,应该加强内外部相关者之间的信任,消除那些由于恶性冲突带来的障碍。

(2) 县域农业物流生态圈的重组机制。县域农业物流生态圈的重组机制是在协同管理机会识别、价值评估、沟通协调的基础上,为了实现协同管理而对资源协同进行权衡、选择和协调的机制。其作用是建立各个利益相关者间的协作桥梁,加强各子系统间的资源衔接和配合,并合理地配置资金、产品、技术等资源,加强外部关系主体的合作、学习和科研活动等。重组机制能使县域农业物流生态圈在并购整合过程中最大限度地挖掘各利益相关者的内部资源,并利用与外界的合作弥补自身的不足,达到优势互补的整体效应。重组的模式和程度将直接影响县域农业物流生态圈在并购整合过程中协同管理的效应和协同要素的价值。

(3) 县域农业物流生态圈的支配机制。县域农业物流生态圈的支配机制主要是指县域农业物流生态圈在并购整合过程中的序参量对处于变革中的县域农业物流生态圈及其子系统发挥支配作用的机制。正确识别和掌握县域农业物流生态圈在并购整合过程中的序参量的支配作用,对指导县域农业物流生态圈的协同管理，促进县域农业物流生态圈不断形成新的、有序的结构，并不断向前发展具有重要作用。

（4）县域农业物流生态圈的检验反馈机制。县域农业物流生态圈的检验反馈机制是判断县域农业物流生态圈的阶段协同管理目标是否实现的机制。在县域农业物流生态圈序参量的作用下，县域农业物流生态圈一般会由无序转换为一种新的有序并产生新的结构和功能，不断实现协同效应。但是协同管理的效果如何，是否与追求的协同管理目标一致，就需要通过进一步的检验反馈，即将协同管理的阶段结果与协同管理的阶段目标相比较才能得出结论。如果结果与目标一致，则说明实现了协同管理，应该通过不断地自我评估、检验，及时发现问题，不断改进，保持协同管理的有效性和持续性。如果结果与目标不一致，则应该深入分析协同管理的过程，进一步识别新的协同机会，进行机会的价值评估。

3.7.3 县域农业物流生态圈的动力作用机制

县域农业物流生态圈的动力作用机制是在并购整合过程中推进县域农业物流生态圈发展运行的动因、作用机理以及维持和改善这种作用机理的各种经济关系、组织制度等所构成的综合系统的总和。县域农业物流生态圈的动力作用机制分为内源动力机制和激发动力机制两种。

（1）县域农业物流生态圈的内源动力机制。县域农业物流生态圈的内源动力机制是一种依靠自发的内在力量推动前进的机制。其动力主要来自县域农业物流生态圈内部，产生于县域农业物流生态圈自组织运动，在县域农业物流生态圈中主要表现为资源的协调、共享、规模经济和创新等。所以，应该在县域农业物流生态圈序参量的指导下建立起有序的县域农业物流生态圈结构和功能，以便更广泛地发挥内源动力机制的作用。

（2）县域农业物流生态圈的激发动力机制。县域农业物流生态圈的激发动力机制主是指外部环境对系统内部发挥推动作用的机制。在县域农业物流生态圈的运行过程中主要表现为外部竞争、政策推动、市场支持等。因此，正确识别激发动力机制，并营造良好的外部环境氛围，既有利于激发机制的产生，又有利于激发机制发挥作用，而且对于县域农业物流生态圈的良性演化具有重要推动作用。

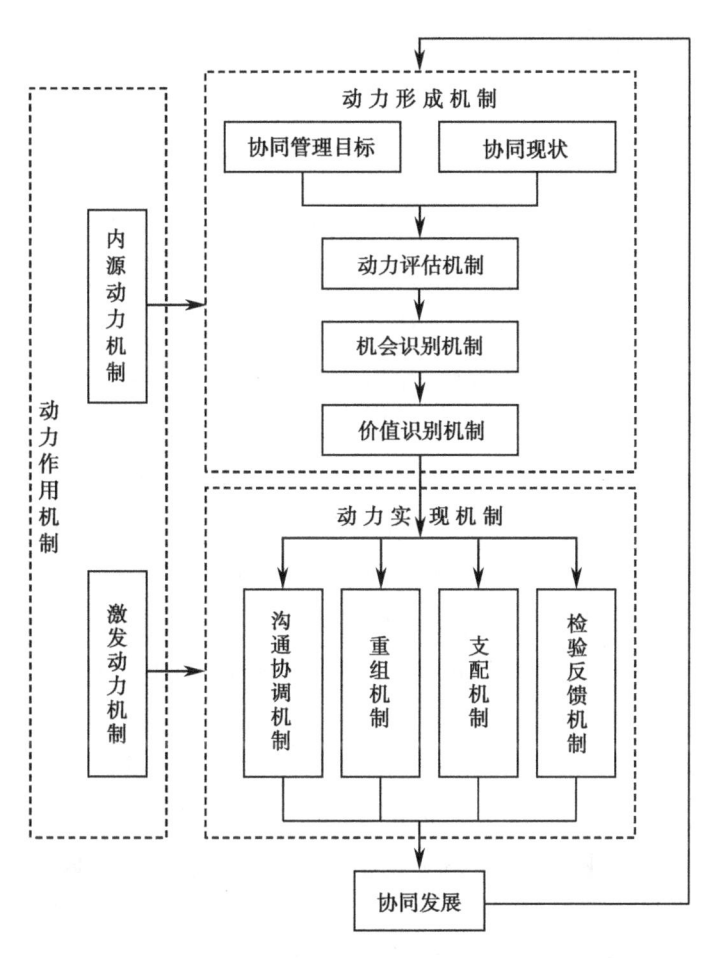

3.7.4 县域农业物流生态圈协同发展动力机制的关系

动力形成机制、动力实现机制、动力作用机制的关系如图 3-10 所示。通过这三大机制的相互作用，可以对县域农业物流生态圈的内外部机会和条件进行选择、控制、协调和引导，并且可以在县域农业物流生态圈及其子系统的非线性作用下，以实现协同管理目标为方向，促使县域农业物流生态圈协同发展。

图 3-10 县域农业物流生态圈协同发展动力机制的关系

县域农业物流生态圈的发展并非借助外力"构建"的，而是以自组织方式"形成"的，即县域农业物流相关方在与外部环境的交互过程中，通过内部主体、子系统的协同作用，自发地出现时间、空间和功能上的有序结构，并不断地演进成高级有序的县域农业物流生态系统；数字经济只是县域农业物流生态圈的外部驱动力，而技术创新及应用、资源跨界整合、制度机制创新和商业模式创新等所构成的多层次协同创新动力体系才是县域农业物流生态圈的原动力。当前，社会各界高度重视高壁垒技术创新及应用市场竞争环境，特别是数字技术的三种形态：数字化技术创新成果、专利和标准。县域农业物流市场的数字化过程也是数字技术创新及应用的过程，在高壁垒技术创新及应用竞争加剧的条件下，必须考虑技术创新及应用的兼容性、持续性、自主性和有效性。

3.8 本章小结

本章主要从时间和空间的维度，系统地阐述了县域农业物流生态圈的形成机理，深入讨论了县域农业物流主体间的数字化协同关系。

（1）阐述了县域农业物流生态圈的自组织属性。县域农业物流生态圈是一种自组织，除具备自组织的开放性、竞协性、层次性、非线性、随机性等一般特征外，还具备作为一个社会经济范畴的开放式系统应有的自觉性、能动性、适应性和选择性等特性。本章在此基础上提出了县域农业物流自组织概念模型和县域农业物流生态圈自组织概念模型。

（2）从时间维度出发，论证县域农业物流生态圈数字化过程的协同演化。本章在深入剖析数字技术（创新成果、专利、标准三种形态）生命周期的基础上，建立"粗糙集+Langevin方程"的自组织模型，求得序参量 X_1 技术创新应用程度和 X_2 资源协同整合能力及其特征根，认为县域农业物流生态圈作为自组织，其数字化经历了一个"独立组织→他组织→自组织→高级自组织"的过程，对应的县域农业物流生态圈生命周期阶段为：形成阶段、成长阶段、成熟阶段和衰退阶段。

（3）县域农业物流生态圈数字化过程的相变原理。本章结合演绎归纳模型，分析双序参量的情况下县域农业物流生态圈数字化过程的相变原理，有助于理解县域农业物流生态圈"四阶段，三相变"生命周期的内涵。

（4）论证县域农业物流生态圈行为的协同演化。县域农业物流生态圈已经突破传统创新网络的范围，不仅包含技术创新者（一般为企业）在县域农业物流生态圈数字化技术创新成果、专利和标准的创新及应用过程中形成的内部网络和通过社会关系进行空间扩散形成的外部网络，而且包含技术创新者（一般为企业）与其外部力量，如政府机构、国际组织、科研院所、社会中介组织、企业等主体进行博弈形成的网络化关系，且它们都具有空间性。

（5）论证县域农业物流生态圈主体间的数字化协同关系。县域农业物流运作过程存在复杂度高、服务范围广、资源配置差等客观因素，因此，必须进行跨企业、跨边界、跨组织的协同管理，以数字经济为抓手，以企业间的数据协同为支撑，以统筹整合系统成员共建生态圈为目标，加强系统成员与企业之间的联系互动，构筑基于"大智移云"四大体系的智能辅助系统，利用技术手段，提高生态系统中各成员及企业之间的协同度和核心竞争力，从而打造一个共生相融的县域农业物流生态系统。

（6）阐述县域农业物流生态圈协同发展的动力机制。数字经济只是县域农业物流生态圈的外部驱动力，而技术创新及应用、资源跨界整合、制度机制创新和商业模式创新等所构成的多层次协同创新动力体系才是县域农业物流生态圈的原动力。当前，社会各界高度重视高壁垒技术创新及应用市场竞争环境，特别是数字技术的三种形态：数字化技术创新成果、专利和标准。在高壁垒技术创新及应用竞争加剧的条件下，必须考虑技术创新及应用的兼容性、持续性、自主性和有效性，以及协同发展不同阶段的动力匹配、培育和切换等核心问题，以期为县域农业物流生态圈发展提供多主体、多层次、可持续、高质量的新动能。

4 县域农业物流生态圈协同演化的影响因素研究

县域农业物流生态圈的协同演化是一个循序渐进的过程。从协同演化的时间维度来看，县域农业物流生态圈在演进的过程中必然受到县域农业物流生态圈自组织演化的影响；从协同演化的空间维度来看，县域农业物流生态圈在演进的过程中也会受到市场环境、法制环境、主体间的相互行为等方面的影响。因此，有必要探讨分析县域农业物流生态圈协同演化进程中的影响因素，促进县域农业物流生态圈顺利实现协同演化。

4.1 主要影响因素的钻石模型构建

县域农业物流生态圈的协同演化过程不仅是数字技术的市场化过程，也是数字技术与产业融合的过程，其终极目标是取得市场竞争优势，创造价值。因此，本书选取波特钻石模型为原型工具，对县域农业物流生态圈协同演化的主要影响因素进行模型构造和验证分析。

4.1.1 波特钻石模型简介

钻石模型是由美国哈佛商学院著名的战略管理学家迈克尔·波特提出的，这一模型被用来分析一个国家的某种产业为什么会在国际上有较强的竞争力。模型如图4-1所示。

波特认为，一个国家某种产业的竞争力取决于四个具有双向作用的因素，政府和机会只起辅助作用。这四个决定因素分别是：①要素条件，即人力资源、天然资源、知识资源、资本资源、基础设施；②需求条件，主要是本国市场的需求；③相关及支撑产业的表现，即相关产业和上游产业的国际竞争力；④企业的战略、结构、竞争对手等的表现。

波特认为，除以上四大要素外，钻石模型还存在两大变数：政府与机会。

4 县域农业物流生态圈协同演化的影响因素研究

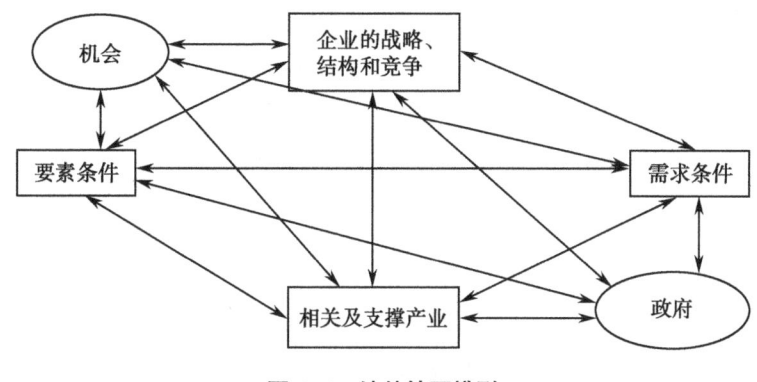

图 4-1 波特钻石模型

机会是无法控制的，但政府政策的影响是不可忽视的。

4.1.2 基于波特钻石模型的主要影响因素分析

波特钻石模型虽然为分析县域农业物流生态圈的主要影响因素提供了范式，但钻石模型所适用的对象——国家产业竞争能力与本书所研究的内容和对象存在差异。因此，本书对波特钻石模型的具体决定因素及辅助因素进行客观的对比分析和重新匹配，为构建县域农业物流生态圈钻石模型提供条件。

（1）"要素条件"→技术因素。波特认为，要素主要指一个国家的生产要素状况，分为初级要素和高级要素，在竞争中起决定性作用。技术属于高级要素。

技术因素是指包括科学技术发展水平、技术创新能力在内的技术水平、技术要求、技术条件等。参照波特钻石模型，"技术"虽然缩小了原模型的"要素条件"的范围，但更切合县域农业物流生态圈的实际，可替代原模型的"要素条件"，作为一个主要影响因素。

（2）"需求条件"+"相关及支撑产业"→市场因素。波特认为，需求条件指对某个行业的产品或服务的国内需求，相关及支撑产业是指国内具有国际竞争力的供应商和关联辅助行业，这两个因素在竞争中起决定性作用。

市场因素指一国的市场开放程度、发展潜力、结构、市场容量、前景、氛围和法制程度等。参照波特钻石模型，把"需求条件"外延扩大成为市场，而将"相关及支撑产业"缩小，作为影响市场的一个子因素。将原模型的"需求条件""相关及支撑产业"两个决定性因素整合为市场因素，更适合体现县域

85

农业物流生态圈的空间形式和市场化过程。

（3）"企业战略、结构与竞争"→企业因素。波特认为，一个国家的产业竞争力是这个国家竞争力的集中体现，而产业是由企业构成的，企业是产业的基本组织形式，不同的企业有着不同的目标、战略和组织形式，而国家的产业竞争力就是要在不同企业的目标、战略、组织形式方面找到一些平衡点。一国国内企业的管理受该国环境的制约，能够适应本国环境的企业管理有利于增强本国的竞争力。国内竞争会对企业产生压力，但适度的压力也可转变为企业发展的动力，迫使企业改进技术，不断创新。那些能够在国内竞争中获得竞争优势的企业，通常都具有较强的国际竞争力。

在县域农业物流生态圈协同演化的过程中，企业因素是指企业作为技术创新核心主体所起的作用，不仅包括企业战略、结构与竞争等战略资源和能力在技术发展方面的体现，也包括企业人力资源、物力资源、信息资源等一般资源的有效整合和利用。用"企业因素"替代原模型中的"企业战略、结构与竞争"，更能体现企业在县域农业物流生态圈协同演化过程中的主体地位。

（4）"政府作用"→政府因素。波特认为，政府通过制定和实施政策来增强竞争优势，政府常用的政策措施如补贴、教育、投资、标准、规制等会对除机会之外的其他四大因素产生重要影响。反过来，上述四大因素也会对政府作用产生影响。但波特认为政府作用只是一个辅助因素。

政府作用是指政府在县域农业物流生态圈协同演化过程中所起的作用，包括行政能力、法制水平、民主程度、国家发展战略的执行状况等。考虑到我国的基本国情，政府扮演着不可或缺的重要角色，"政府作用"因素不仅绝对不能弱化为辅助因素，而且还应该强化为主要影响因素。因此，本书调整了原模型中"政府作用"的地位，体现出政府作为重要主体在县域农业物流生态圈协同演化过程中的主导作用。

（5）"机会作用"→战略契机。波特认为，一些偶发事件和机会也会对国家某一产业的竞争力产生重大影响。例如，技术的重大突破，成本、市场、汇率等的突然变化，都可能使某些国家获得或失去竞争优势。

"机会作用"是一个辅助因素的观点没有争议，但波特所描述的"机会作用"的适用范围过于宽泛、抽象，如果把它当作小概率事件来处理，显然会对县域农业物流生态圈协同演化过程中的"机会作用"产生误导,操作时也难以把握。因此,本书将原模型中的"机会作用"缩小为"战略契机",以便在县域农业物流生态圈协同演化过程中更好地识别和把握机会,更好地发挥机会的辅助作用,如与政府影响因素结合后形成关键评价指标"战略眼光和标准化导向能力"。

市场竞争使企业战略总处在不断调整、修改,甚至颠覆的过程中,这是一个"肯定—否定—否定之否定"的过程,但万变不离其宗,关键在于把握好什么时候(When)、什么地点(Where)、什么人(Who)、用什么方式(How)、做什么事(What),即把握好企业战略契机。县域农业物流生态圈的战略契机可分为先机、生机、危机,如表4-1所示。

表4-1 县域农业物流生态圈的战略契机

战略契机类型	概念
先机	一个新生事物出现的时候,大约只有5%的企业能够敏锐地抢占先机,一旦成功,企业就会成为该领域的龙头老大
生机	发展阶段给企业带来了生存和发展的机会,孕育了创新和变革。此时,企业发展充满活力,各种商业模式创新层出不穷
危机	当一个企业成熟并逐步垄断市场时,企业的竞争压力加大,这是危险与机会并存的时刻,也是企业发展的转折点

资料来源:作者根据多方资料整理而成。

(6)商业文化。商业文化不仅会影响人的商业行为和消费习惯,而且还会改变人们的思维方式和创新模式。在县域农业物流生态圈协同演化的过程中,商业文化对技术、市场、政府、企业等主要影响因素产生潜移默化的辅助作用。因此,本书将商业文化引入原模型,作为外部环境要素及其影响因素。

外部环境中的市场环境和法制环境对县域农业物流生态圈协同演化过程的影响和制约作用最为突出。法制环境主要是通过政府的职能实现,本书认为它是政府要素的组成部分。市场环境是各主体相互联系、相互制约的主战场,其中政治、经济、法律、文化、技术、地理等因素相互交织,形成了"四功能流、五结构链"的创新网络,本书认为市场是县域农业物流生态圈最主要的显性外部因素。

县域农业物流生态圈协同演化的同时也会促进科学技术和管理思维不断进步，引发市场机制和商业模式不断变革创新。因此，从商业文明的视角出发，县域农业物流生态圈协同演化的过程也是一种文化积淀的过程，是商业模式和商业文化不断创新和发展的过程。这个过程并不是完全遵循生命周期规律发生发展的，其发展轨迹是一条有起点但没有终点的单调递增曲线，如互联网技术标准演化的同时也带来了互联网思维的产生和新商业模式（如电子商务）的兴起，而这些最终会形成互联网时代的商业文明。

4.1.3 主要影响因素的钻石模型

本书在波特钻石模型的基础上，将县域农业物流生态圈协同演化的影响因素构建为一个新的钻石模型，如图4-2所示。

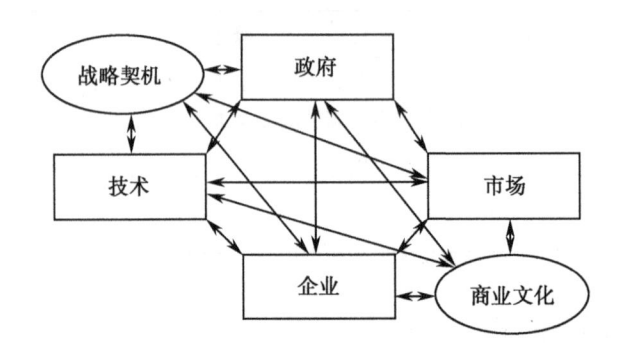

图4-2 县域农业物流生态圈协同演化影响因素的钻石模型

政府、企业是主体因素，市场是外部环境因素，技术是内部条件因素，四者之间相互作用，共同构成县域农业物流生态圈协同演化的主要影响因素；战略契机、商业文化是具有无形特征的因素，对四个主要影响因素产生潜移默化的辅助作用。这六个因素相互作用，共同构成县域农业物流生态圈协同演化影响因素的钻石模型。本书将以此模型所演示的四个主要影响因素、两个辅助因素的相互关系为基础，构建县域农业物流生态圈协同演化的影响因素指标体系。

4.1.4 影响因素与关键指标分析

县域农业物流生态圈的发展离不开先进技术的注入，同时也需要政府和圈内企业等主体的参与。构建相对完善的市场，使圈层内的活动有序展开，可大力提高县域农业物流生态圈的运营效率。为更好地对县域农业物流生态圈协同演化的影响因素展开分析，本书通过回顾相关文献，进一步确立相关影响因素指标。

（1）相关文献回顾。第一，技术因素层面。随着区块链、大数据、物联网等新兴技术的不断发展，相较于传统的物流运作模式，当前物流行业的发展呈现出智能化、高效化以及自动化的趋势。宋周莺等（2019）认为当前我国县域物流总体技术水平相对低下，迫切需要进行技术改造，引入先进的物流技术，通过提升物流技术的先进性，拉升县域物流总体运作水平。王罡（2014）认为当前的射频识别技术以及其他一些先进的互联网技术在软件兼容性等方面做得不够，使得不同的物流企业对货物信息的录入和清点以及物流企业与相关利益单位的结算等存在滞后及交互性差等问题，需要加强相关技术的兼容性。邬文兵等（2019）以及赵惟和张文瀛（2016）则认为，从事物流行业的大部分人员文化水平不高，要加强物流用户对先进技术的黏性，应通过加强技术培训，让县域物流从业人员能够更好地感知物流技术的易用性。蒋明琳（2017）认为当前县域农业物流生态圈内的利益相关者没有形成较好的约束关系，容易出现信息泄露或者互联网服务攻击问题，因此，技术的安全性和可靠性同样会对县域农业物流生态圈的协同演化产生影响。王郁等（2018）认为当前物流业虽然引入了较多的新技术，但在跨界协同共享模式下，特别是"互联网+"模式下，智慧物流生态圈的跨界协同共享模式会遇到各种风险，因此要注重相关技术与风险防控相结合。

第二，市场因素层面。张俊辉（2015）认为县域物流的发展能够有效促进区域经济的快速发展，提升县域经济活力。刘悦（2019）、林志威（2016）和罗倩（2014）认为，县域物流的有序发展能够使物流运作有序化，有助于地方县域经济工作有序展开。陈卫（2020）和宁荣辉（2019）认为，开展县域农业物流活动，不是某几个物流企业的事情，需要众多的企业以及相关利益主体同时参与，这些企业要有共同的愿景，一起努力，相互协调，共同促进县域农业物流生态圈健康发展。凌珊（2016）和翁发林（2005）从县域物流企业成长轨迹出发，认为县域物流企业发展需要平衡物流企业与其他利益相关者的利益关系，加强市场间相关组织的利益协调，建立一体化的县域物流生态圈组织关系，实现生态圈企业的柔性化、知识化和网络化，提升县域物流企业的功能和运作能力。孙琳（2020）和刘程军等（2019）认为，县域物流的服务范围主要是县域范围内的商品运输，包括商品包装、仓储以及配送等环节。当前县域农业物流运营依然存在成本高、物流资源配置不均衡等问题，因此，需要加强县域农业物流组织间的联系，形成较为稳固的生态圈组织圈层关系。

第三，政府因素层面。谢钦和宋文正（2014）、邓晓臻等（2020）认为，当前县域物流的业务量与第一、第二产业的发展呈现出正相关的关系，政府要加强对县域物流发展的宏观规划，加强战略引导。陈志卷（2014）和徐金丰（2019）认为，当前县域农业物流发展还处于初级阶段，应该进一步建立健全相关物流法律，营造良好的法制氛围。杨磊（2011）、张光亮等（2016）、李志鹏（2019）认为当前发展县域农业物流，政府应当发挥其公共服务职能，建立县域农业物流服务信息体系，加强运政服务系统和相关商务系统的运营，提升县域农业物流公共服务水平和管理水平。焦亚琴（2017）和李巡按（2016）认为发展县域农业物流生态圈，仍然需要政府的大量投入，需要政府在政策、资金等方面加大支持力度。例如，可以采取增加补贴、提供低息贷款等金融支持政策；出台相关县域农业物流标准化管理政策，以保证县域农业产品在运输、存储、陈列以及销售过程中的质量安全，防止因物流运输而产生二次污染等问题；强化农业物流运输的可追溯机制。

第四，企业因素层面。龚明春（2016）和王媛媛（2016）对县域农业物流进行了研究，认为开展县域农业物流活动仅靠物流企业参与是不够的，需要物流企业、互联网企业、农业企业以及金融机构的共同参与，企业应具备较强的管理水平和协调水平。万玲（2011）和邹清明等（2017）认为县域农业物流要大力发展，从事县域农业物流活动的企业在战略上就要制定适合企业发展的合理方案。刘帅（2013）和项昊洁（2017）认为县域农业物流企业只有对其相关资源进行有效的整合，才能实现更快更好的发展。穆燕鸿和王杜春（2016）、张鸿等（2020）认为参与县域农业物流生态圈构建的相关企业对技术、资金和相关设备等资源，互联网服务资源，农业物流服务资源准备得越充分，县域农业物流业务就越容易开展。何青等（2019）、赵秀娟等（2020）、桑爱华（2018）认为当前制约县域农业物流快速发展的主要瓶颈是人才匮乏，高质量的人才不愿意下沉到县域市场，导致一些先进设备仪器的使用水平不高。

（2）指标文献汇总。本书将县域农业物流生态圈协同演化的影响因素评价体系分为目标层、准则层、要素层三个层次。目标层是形成县域农业物流生态圈；准则层可分为技术因素层面、市场因素层面、政府因素层面和企业因素层面；要素层进一步拓展并描述每个准则层的指标。在总结和梳理已有文献的基础上，本书对相关的评价内容进行细化，并对相关文献中涉及县域农业物流生态圈协同演化的影响因素指标进行汇总，如表4-2所示。

表4-2 县域农业物流生态圈协同演化指标体系的文献汇总

目标层	准则层	要素层	文献
形成县域农业物流生态圈	技术因素层面	技术先进性	宋周莺等（2019）
		技术兼容性	王罡（2014）
		技术感知易用性	邬文兵等（2019），赵惟和张文瀛（2016）
		技术安全性、可靠性	蒋明琳（2017）
		技术风险防控程度	王郁等（2018）
	市场因素层面	物流市场份额（含潜在）	张俊辉（2015）
		物流市场发展有序度	刘悦（2019），林志威（2016），罗倩（2014）
		生态圈组织共同愿景	陈卫（2020），宁荣辉（2019）
		生态圈组织利益协调性	凌珊（2016），翁发林（2005）
		生态圈组织间关系稳定性	孙琳（2020），刘程军等（2019）
	政府因素层面	法制体系和法治环境	谢钦和宋文正（2014），邓晓臻等（2020）
		战略导向能力	陈志卷（2014），徐金丰（2019）
		公共服务和管理水平	杨磊（2011），张光亮等（2016），李志鹏（2019）
		政策、资金支持力度	焦亚琴（2017），李巡按（2016）
	企业因素层面	企业现代化管理水平	龚明春（2016），王媛媛（2016）
		企业战略	万玲（2011），邹清明等（2017）
		资源整合能力	刘帅（2013），项昊洁（2017）
		资源就绪度	穆燕鸿和王杜春（2016），张鸿等（2020）
		人才管理水平	何青等（2019），赵秀娟等（2020），桑爱华（2018）

4.2 县域农业物流生态圈协同演化影响因素的最终确立

为了进一步反映县域农业物流生态圈协同演化影响因素的实际情况,本书特采用专家打分的方式,邀请县域经济、农业物流运营、农业互联网运营、农业金融等方面的专家与企业管理者对这些影响因素进行进一步的筛选、补充以及归类,然后计算专家对各要素层要素的认可度,保留专家认可度在70%以上的要素,删除其余要素。

4.2.1 影响因素的专家认可度评价

为确保所筛选的指标能够切实地反映县域农业物流生态圈的现实运行状况,我们有针对性地选择了20名县域经济、农业物流运营、农业互联网运营、农业金融等方面的研究型专家学者和企业管理者,通过问卷调查的方式,邀请他们对所选取的县域农业物流生态圈协同演化的影响因素进行评价打分。影响因素筛选问卷调查采用结构简洁的方式,即在所提供的"认可""不认可""不确定"三种答案中选择其一即可。在20名评价人员中,有7名属于教授级学者,且都从事农业物流或县域经济方面的科研与教学工作达15年以上;13名为县域企业或市场在县域的企业的中高层管理者,他们都从事农业物流或县域经济相关管理工作达7年以上。经过一周的问卷发放与回收,所有20名评价专家都及时有效地提交了问卷。我们按照以下公式打分。

$$专家认可度 = \frac{认同该指标能够作为协同演化影响因素的专家数}{问卷调查的专家总人数} \times 100\%$$

将20名相关专家与企业管理者对县域农业物流生态圈协同演化影响因素打分评价的结果进行统计汇总,如表4-3所示。

表4-3 县域农业物流生态圈协同演化影响因素的专家认可度

序号	影响因素	专家认可度(%)
1	技术先进性	90
2	技术兼容性	100
3	技术感知易用性	100

续表

序号	影响因素	专家认可度（%）
4	技术安全性、可靠性	55
5	技术风险防控程度	80
6	物流市场份额（含潜在）	80
7	物流市场发展有序度	75
8	客户满意程度	90
9	生态圈组织共同愿景	75
10	生态圈组织利益协调性	80
11	生态圈组织间关系稳定性	85
12	法制体系和法治环境	95
13	战略导向能力	90
14	公共服务和管理水平	85
15	政策、资金支持力度	80
16	企业现代化管理水平	80
17	企业战略	55
18	资源整合能力	90
19	资源就绪度	60
20	人才管理水平	85

4.2.2 影响因素的最终判定

从表4-3可知，初步汇总的县域农业物流生态圈协同演化影响因素没有得到所有专家的认可，其中"技术安全性、可靠性""企业战略"的专家认可度低于70%，直接剔除。另外，部分专家认为"技术风险防控程度"实际包含了"技术安全性、可靠性"这个影响因素，所以只保留"技术风险防控程度"这个指标即可。部分专家认为构建县域农业物流生态圈的过程中，企业战略对于大部分企业而言并非主要原因，某些龙头企业进行县域物流市场布局可能与企业战略有一定关系。也有部分专家认为市场层面可以增加"客户满意程度"，因为只有县域农业物流市场客户的满意程度提高，他们才更有黏性，更愿意在县域农业物流生态圈开展物流活动。本书采纳专家意见，对调整后最终确立的县域农业物流生态圈协同演化影响因素进行汇总，如表4-4所示。

表4-4 县域农业物流生态圈协同演化最终影响因素汇总

序号	影响因素
1	技术先进性
2	技术兼容性
3	技术感知易用性
4	技术风险防控程度
5	物流市场份额（含潜在）
6	物流市场发展有序度
7	客户满意程度
8	生态圈组织共同愿景
9	生态圈组织利益协调性
10	生态圈组织间关系稳定性
11	法制体系和法治环境
12	战略导向能力
13	公共服务和管理水平
14	政策、资金支持力度
15	企业现代化管理水平
16	资源整合能力
17	资源就绪度
18	人才管理水平

4.2.3 各相关指标的解释

为更好地提炼县域农业物流生态圈协同演化的主要影响因素，进而从技术因素层面、市场因素层面、政府因素层面和企业因素层面找出关键评价指标，以构建县域农业物流生态圈协同演化的影响因素评价指标体系，本书依据上述研究结果，对县域农业物流生态圈协同演化的初步评价指标体系及相关指标进行解释，如表4-5所示。

表 4-5　县域农业物流生态圈协同演化的评价指标体系

目标层	准则层	要素层	指标解释
县域农业物流生态圈协同演化	技术因素层面	技术先进性	该技术较为先进，在行业内具有领先水平，能够满足构建县域农业物流生态圈的需求，并且能够产生积极效果
		技术兼容性	参与县域农业物流生态圈构建活动的技术由不同厂商提供，这些技术或服务能够相互融合，包括单向兼容和双向兼容
		技术感知易用性	指互联网技术、相关农业物流技术以及智能化技术容易被参与县域农业物流生态圈构建的各主体掌握并使用
		技术风险防控程度	互联网技术在应用过程中可能存在不可靠、不安全因素，可能导致信息泄露或遭遇攻击，县域农业物流生态圈的运作过程可能存在不稳定因素，甚至无法完成相关农业物流运作任务，必须加强技术防控
	市场因素层面	物流市场份额（含潜在）	指某一时期的某一乡村地区，在一定的营销环境和营销方案的作用下，愿意购买（潜在）或已购买县域农业物流服务产品的顾客群体的总数
		物流市场发展有序度	指县域农业物流市场经过一段时间的发展，已形成一定的商业文化与商业规则，参与县域农业物流建设的各主体或消费者对县域农业物流服务比较认同
		客户满意程度	客户分为四类：战略客户、利润客户、潜力客户以及普通客户。客户满意程度是指客户对物流企业所提供的物流产品和服务的满意度
		生态圈组织共同愿景	为更好地开展县域农业物流服务，生态圈内各主体有着共同的愿景，即在县域农业物流生态圈内协同工作，促进农业增收，提升中国县域农业物流现代化水平
		生态圈组织利益协调性	县域农业物流生态圈内的每个组织都希望开展相关活动后能有更多的收益，但在开展具体的农业物流服务时，有些组织在交易过程中可能因为价差而毁约，导致生态圈内其他企业的利益受损。应采取拍卖、竞价等方式提供相关服务，对县域农业物流生态圈内各组织的利益进行协调
		生态圈组织间关系稳定性	县域农业物流生态圈组织较为庞大，为使生态圈组织能够稳定开展活动，有必要制定相关规章制度，规范生态圈内企业的行为，维护生态圈内组织间关系的稳定

续表

目标层	准则层	要素层	指标解释
县域农业物流生态圈协同演化	政府因素层面	法制体系和法治环境	宏观层面是指政府立法、执法的水平和公民遵法、守法的状况；微观层面是指政府关于县域农业物流活动、互联网技术使用的立法、司法解释、执行能力以及营造的公平有序的司法环境
		战略导向能力	国家从战略层面制定相关政策，鼓励与引导县域农业物流生态圈发展
		公共服务和管理水平	政府营造良好的发展环境，完善公共服务和管理，提高县域农业物流公共服务和管理水平
		政策、资金支持力度	政府通过财政拨款、科技投入、政府采购政策、财税金融政策等方式支持县域农业物流生态圈建设
	企业因素层面	企业现代化管理水平	提供县域农业物流服务的物流企业、互联网企业，根据现代企业管理制度，从管理思想、组织、控制、手段等维度开展现代化建设
		资源整合能力	企业参与县域农业物流生态圈构建的资源整合能力
		资源就绪度	参与县域农业物流生态圈构建的企业对服务农业物流的相关技术、资金以及设备等资源准备得越充分，生态圈就越容易构建
		人才管理水平	企业开展县域农业物流生态圈建设的人力资源管理水平

4.3 影响因素指标体系的层次分析

从以上分析可见，县域农业物流生态圈协同演化的影响因素包含技术因素、市场因素、政府因素和企业因素，具有影响因素结构较为复杂、要素层指标较多且不易量化的特点。采用层次分析法，将影响因素和决策者的主观判断、相关推理过程联系起来，通过对决策者的推理过程进行量化描述，可以避免决策者的评价过于主观，从而在判定结构复杂且方案较多的影响因素时，可以避免逻辑推理上的失误。因此，本书对县域农业物流生态圈协同演化关键影响因素的判定将采用层次分析法。层次分析法由美国著名教授 Saaty 提出，能够对影响因素指标同时进行定性分析与定量分析，从而实现多目标、多准则的系统分析。层次分析法成熟、运用简单、适用面广、系统性强，能较好地解决某些定性指标不可度量的问题。

4.3.1 影响因素指标体系层次分析总体思路

由于层次分析法能较好地解决某些定性指标不可度量的问题，所以本书采用该方法对来自政府相关机构、企业专业人士的评判数据进行分析，获取关键性指标。

（1）指导思想。在县域农业物流生态圈协同演化理论研究的基础上，构建县域农业物流生态圈协同演化的影响因素指标体系，探寻关键影响因素及相应指标的作用。

（2）基本原则。第一，科学性原则。指构建的县域农业物流生态圈协同演化影响因素评价指标体系科学有效，能真实、客观地反映相关情况。

第二，可操作性原则。指开展相关调研活动，通过访谈、问卷等实务操作方式，确保遴选的影响因素具有可操作性。

第三，系统性原则。首先通过文献回顾和现场调研，探析县域农业物流生态圈协同演化在技术因素层面、市场因素层面、政府因素层面和企业因素层面的影响因素，确保分析的指标具备系统完整性，然后采用层次分析法，对县域农业物流生态圈协同演化的影响因素指标进行权重赋值，进而找出关键影响因素。

（3）问卷的基本内容。问卷设计的内容主要着眼于探讨县域农业物流生态圈协同演化过程中，在协调跃迁阶段、协作跃迁阶段、协同跃迁阶段各影响因素的指标权重，并根据相关专家判定的指标权重结果找出关键影响因素（具体量表见附录2）。

（4）问卷调查过程。本书参考 Churchill、Seaker、Waller 等著名专家学者的方法，结合他们对开发量表的建议与经验，从实际情况出发，通过以下步骤开展问卷调查，如图 4-3 所示。

第一，查阅大量文献，初步设计问卷。县域农业物流生态圈经历了协调跃迁阶段、协作跃迁阶段、协同跃迁阶段三个重要的演化进程。为深入开展本研究，笔者通过查阅大量的国内外文献，初步分析出三个阶段的影响因素。

第二，结合文献和前述章节的分析结果，最终确定出影响因素量表。由于本书涉及县域农业物流生态圈协同演化经历的协调跃迁阶段、协作跃迁阶段、协同跃迁阶段三个阶段，且每个阶段的影响因素有所不同，所以我们在总结文

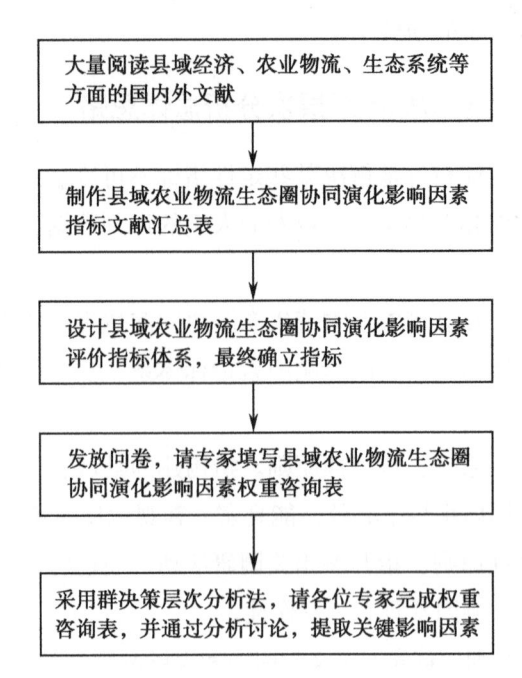

```
┌─────────────────────┐
│ 大量阅读县域经济、农业物流、生态系统等 │
│ 方面的国内外文献       │
└──────────┬──────────┘
           ↓
┌─────────────────────┐
│ 制作县域农业物流生态圈协同演化影响因素 │
│ 指标文献汇总表         │
└──────────┬──────────┘
           ↓
┌─────────────────────┐
│ 设计县域农业物流生态圈协同演化影响因素 │
│ 评价指标体系，最终确立指标 │
└──────────┬──────────┘
           ↓
┌─────────────────────┐
│ 发放问卷，请专家填写县域农业物流生态圈 │
│ 协同演化影响因素权重咨询表 │
└──────────┬──────────┘
           ↓
┌─────────────────────┐
│ 采用群决策层次分析法，请各位专家完成权重 │
│ 咨询表，并通过分析讨论，提取关键影响因素 │
└─────────────────────┘
```

图 4-3 县域农业物流生态圈协同演化影响因素分析方法和步骤

献和理论分析的基础上确定影响因素量表。

第三，确定并发放调查问卷。本阶段将已设计好的调查问卷量表，通过现场或者网络的方式，发放给从事县域农业物流科研活动的专家学者、政府相关部门的工作人员、县域农业物流企业的管理者进行调查。

第四，回收问卷并分析。将有效问卷回收后，根据每位专家从事县域农业物流工作的经验情况、在行业内的声望、相关职称级别等因素，对每位参与县域农业物流调查活动的专家进行权重赋值，最后采用群决策层次分析法开展分析，从而得到相关影响因素的权重。本书采用群决策层次分析法能够有效避免某些专家的个人偏见，综合各位专家的意见，得到较为客观的权重值。

（5）提高问卷可靠性的措施。马庆国（2002）、郭秀花等（2003）指出，调查问卷的设计要注重调查问卷内容的可靠性，从调查研究的目标、调查对象的特点展开深入研究，同时要注重调查问卷问题提法的精确性，使受调查者能够理解调查的目的和内容，从而获取准确的数据。王重鸣（1990）也认为设计调查问卷时要注重调查目的、调查格式和调查语言的描述，调查问卷内容、调查问卷语言要简洁、明确。由于本调查问卷涉及县域经济、农业物流等专业知识，所以需要被调查者具备一定的专业知识背景。如果被调查者不理解相关概念，会导致调查结果的信度和效度降低。为了最大限度地提高调查问卷的可靠性，降低调查数据的偏差，本调查采取以下相关措施。

第一，为避免因不理解县域农业物流生态圈协同演化而导致的偏差，我们有意识地选择有县域经济、农业物流工作经验的人士填写调查问卷。由于调查问卷涉及政府相关部门、市场内相关组织机构以及与县域农业物流业务有关的企业等层面的影响因素，所以本问卷的调查对象包括从事县域农业物流相关研究的专家学者、从事县域农业物流活动的政府工作人员、从事县域农业物流活动的企业和社会中介组织的管理人员。

第二，保密机制。开展调查活动时，有些企业管理者担心在完成调查问卷的过程中，可能会因为填写调查问卷而泄露企业的商业秘密，因此不愿意参与作答。为避免这种情况出现，在设计调查问卷时，明确强调此次调查仅限于学术研究，不会泄露企业信息，更不会将企业填写的信息用到商业方面，保证企业信息安全。

（6）层次分析法的原理。层次分析法采用定量分析与定性分析相结合的调查方式，将研究对象按照目标层、准则层、指标层等建立起层级递阶结构，同时对相关约束条件和评价方法给出具体约定，通过对指标进行两两对比，确定判断矩阵的合法性，进而得出判断矩阵的最大特征根及其特征向量，算出各个要素的权重，通过一致性检验后，算出组合权重值。层次分析法将复杂抽象的研究问题进行分解，呈现出自上而下的逐层递进的分解关系。

县域农业物流生态圈的协同演化经历了协调跃迁阶段、协作跃迁阶段、协同跃迁阶段三个阶段，每个阶段又包括来自技术因素层面、市场因素层面、政府因素层面和企业因素层面的影响因素，对这些影响因素很难直接进行定量评估，但通过专家打分等方式进行定性评估和判断，则具有可行性。因此，本书采用层次分析法，针对县域农业物流生态圈协同演化经历的三个阶段，邀请相关专家按照设计好的打分标准对每一阶段、每一层次的影响因素进行两两比较，判断并得出各影响因素的权重。采用层次分析法的优点在于，参与打分的相关专家能够依据已有经验和事实进行理性判断和分析，从而提高评价结果的准确性和可靠性。在打分的过程中，由于有些专家学识有限或者主观臆断，会导致评分结果出现偏差，因此，有必要事先对专家的背景进行分析，最好选择从事过县域农业物流相关工作的专家，以降低打分的误差。

（7）层次分析法的步骤。第一步，构建层次结构模型。首先对县域农业物流生态圈协同演化经历的三个跃迁阶段的影响因素进行条理化、层次化，分别构建有层次的结构模型。一般最高层是目标层，其次是准则层，最后是指标层，下一层次相关影响因素以上一层次影响因素为准则，它们形成自上而下的逐层支配关系，如图4-4所示。

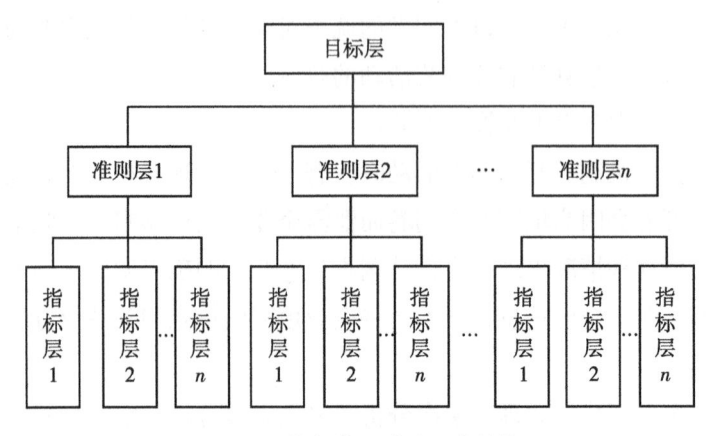

图4-4 指标体系递阶层次结构

第二步，构造模型中各层次的判断矩阵。判断矩阵主要表示相对上一层次的某个因素，下一层次与之有关的各因素之间的相对重要性。例如，假设存在于 A 层中的因素与下一层次的因素 B_1, B_2, $\cdots$, B_n 有联系，构造判断矩阵，如表4-6所示。

表4-6 判断矩阵示意表

A_k	B_1	B_2	$\cdots$	B_n
B_1	1	b_{12}	$\cdots$	b_{1n}
B_2	b_{21}	1	$\cdots$	b_{2n}
$\cdots$	$\cdots$	$\cdots$	$\cdots$	$\cdots$
B_n	b_{n1}	b_{n2}	$\cdots$	1

注：如 $b_{1n}= B_1$ 因素 / B_n 因素。

判断矩阵中 $a_{ij}=\dfrac{B_i}{B_j}$，表示在以 A 为一个层次时，通过对比下一个层次的因

素 B_i 与 B_j 的比值,判断究竟是 B_i 更重要还是 B_j 更重要。在这个判断矩阵中,对角线的数字都为1,表示每个元素与自身相比,重要性都相同。一般采用1—9的数值及其倒数作为标度,如表4-7所示。

表4-7 层次分析法两两比较的标度

标度	定义
1	i 因素与 j 因素同等重要
3	i 因素比 j 因素稍微重要
5	i 因素比 j 因素明显重要
7	i 因素比 j 因素重要得多
9	i 因素比 j 因素绝对重要
2、4、6、8	为两个判断之间的中间状态对应的标度值
倒数	若 i 因素与 j 因素比较得到的判断值为 a_{ij},则 $a_{ji}=1/a_{ij}$

(8)求解判断矩阵。求出单一目标层下被比较因素的相对权重,进行层次单排序。

第一,向量。将所得矩阵依公式 $w_i = \sum_{j=1}^{N} \frac{a_{ij}}{N}$ 按行分别相加,得到列向量如下所示: $\overline{w} = [w_1, w_2, \cdots, w_n]^T$, $i=1, 2, 3, \cdots, n$。

第二,做归一化处理。在单一准则下对所求各因素的排序权重向量做归一化处理。

第三,一致性检验。由于县域农业物流生态圈协同演化的影响因素较多,难以保证比较前后各因素的一致性,所以需要进行一致性检验。

4.3.2 统计调查表的设计

本调查设计了县域农业物流生态圈协同演化影响因素权重咨询表(见附录2),邀请专家填写调查问卷,确定县域农业物流生态圈协同演化三个阶段的影响因素权重,找出各阶段的关键影响因素。

调查问卷的发放对象包括从事县域农业物流相关研究的专家学者、从事县域农业物流活动的政府工作人员、从事县域农业物流活动的企业和社会中介组织的管理人员。共发放问卷45份,回收问卷43份,剔除专家判断矩阵未通过一致性检验的3份问卷,实际有效回收问卷40份,问卷有效率达到

88.89%。

我们采用 YAAHP 软件，对专家的打分结果进行分析。在输入和汇总相关评分记录后，需要对每位专家在调查中的权重进行计算，做群决策层次分析。由于参与本调研的专家背景不同、知识结构不同，工作经验和工作内容也不同，我们结合不同专家的实际情况，对不同专家的打分结果赋予相应的权重，以减少专家评价过程中所产生的误差。参考黄健等（2007）多位专家所做的群决策层次分析，我们对每个专家权重的取值进行计算，设计出如表4-8所示的专家权重取值标准。

计算各个专家的指标评价值 $X_i = a_i \times b_i \times c_i$。

求得每位专家的权重 $\delta_i = \dfrac{X_i}{\sum\limits_{i=1}^{n} X_i}$，$\sum\limits_{i=1}^{n} \delta_i = 1$。

表4-8 专家权重取值标准

专家信息	10分	5分	3分	1分
职称 a_i	高级	副高级	中级	初级
从事物流或数字化工作的年限 b_i	10年以上	7~10年	4~6年	0~3年
对指标的熟悉程度 c_i	符合本专业，熟悉	相关专业，较熟悉	相关专业，不熟悉	不同专业，不熟悉

我们通过对回收的40份有效问卷逐一分析，分别计算出县域农业物流生态圈协同演化经历的协调跃迁阶段、协作跃迁阶段、协同跃迁阶段三个阶段相关影响因素的权重，进而找出各阶段的关键影响因素。

4.4 县域农业物流生态圈协同演化三个阶段的影响因素权重

县域农业物流生态圈协同演化经历了协调跃迁阶段、协作跃迁阶段、协同跃迁阶段三个阶段，我们根据层次分析法的步骤算出县域农业物流生态圈协同演化各阶段影响因素的权重。

4.4.1 协调跃迁阶段的指标权重

在协调跃迁阶段，县域农业物流市场规模小，功能单一，但市场需求量大，竞争压力大，技术不成熟，利润空间大，要形成生态圈，还需要政府、企业加大资源投入，抢占市场，加强融资力度。我们将专家对县域农业物流生态圈协同演化协调跃迁阶段的指标权重打分依次输入YAAHP软件，确定专家判断矩阵满足一致性检验要求的问卷共计40份，然后把每位专家的权重值输入群决策选项中，通过各专家排序向量加权算术平均，计算出40份有效问卷中关于县域农业物流生态圈协同演化协调跃迁阶段的指标权重，如表4-9所示。

表4-9 县域农业物流生态圈协同演化协调跃迁阶段指标权重

目标层	准则层指标	准则层指标对目标层指标的权重	要素层指标	要素层指标对目标层指标的权重	排序	要素层指标对目标层指标的权重	排序
县域农业物流生态圈协调跃迁阶段A0	技术因素层面A1	0.2712	技术先进性（B1）	0.4290	1	0.1164	3
			技术兼容性（B2）	0.1703	3	0.0462	8
			技术感知易用性（B3）	0.3031	2	0.0651	6
			技术风险防控程度（B4）	0.0976	4	0.0265	12
	市场因素层面A2	0.0991	物流市场份额（含潜在）（B5）	0.0875	5	0.0087	17
			物流市场发展有序度（B6）	0.2609	2	0.0258	13
			客户满意程度（B7）	0.1288	4	0.0128	16
			生态圈组织共同愿景（B8）	0.2964	1	0.0822	5
			生态圈组织利益协调性（B9）	0.1590	3	0.0158	15
			生态圈组织间关系稳定性（B10）	0.0674	6	0.0067	18
	政府因素层面A3	0.4231	法制体系和法治环境（B11）	0.1376	4	0.0294	10
			战略导向能力（B12）	0.3020	2	0.1429	2
			公共服务和管理水平（B13）	0.1816	3	0.0860	4
			政策、资金支持力度（B14）	0.3788	1	0.1793	1
	企业因素层面A4	0.2066	企业现代化管理水平（B15）	0.3273	2	0.0512	8
			资源整合能力（B16）	0.1737	3	0.0272	11
			资源就绪度（B17）	0.3758	1	0.0588	7
			人才管理水平（B18）	0.1232	4	0.0193	14

通过以上数据总的分析，可得出准则层指标对目标层指标的权重值结果，可以看出政府因素层面的权重排第一，说明县域农业物流生态圈协同演化协调跃迁阶段的活动仍然需要政府主导，政府的政策、资金支持对县域农业物流生态圈协同演化的作用仍然突出。技术因素层面的指标权重排第二，说明在县域农业物流生态圈协同演化协调跃迁阶段，县域农业物流的技术还处于低级水平，需要选择较为先进的技术对已有农业物流技术进行更新换代，替换掉老旧、效率低下的技术。企业因素层面的指标权重排第三，企业是重要的参与主体，在这一阶段，需要鼓励企业积极参与构建县域农业物流生态圈，对县域农业物流生态圈协同演化发挥重要的推进作用。市场因素层面的指标权重排序第四，说明在县域农业物流生态圈协同演化的初期，市场还未完全形成，只是存在需求，不得不提供相关服务，因此在这个阶段市场还处于培育期。

技术因素层面：通过分析要素层指标对准则层指标的权重可知，技术先进性指标权重排第一，说明在县域农业物流生态圈协同演化协调跃迁阶段，迫切需要对旧有的技术进行推陈出新。当今技术发展日新月异，将一些先进的技术如区块链技术、物联网技术等引入县域农业物流行业，能够提升县域农业物流运营效率，提升县域农业物流的可追溯性，提升农产品食品安全性和可靠性。技术感知易用性指标权重排第二，因为大部分参与县域农业物流活动的成员文化程度不高，如果采取较为复杂、操作烦琐的技术，将不利于技术的推广，因此，在县域农业物流生态圈成立初期，应当采用较为简单的技术。技术兼容性、技术风险防控程度在协调跃迁阶段排名较靠后，虽然有一定作用，但不是主要影响因素。

市场因素层面：通过分析要素层指标对准则层指标的权重可知，生态圈组织共同愿景的权重显著高于其他指标，说明在县域农业物流生态圈构建初期，生态圈内的组织是否有强烈意愿共同参与生态圈活动，共同促进生态圈健康发展具有重要影响。

政府因素层面：通过分析要素层指标对准则层指标的权重可知，在这一阶段发展县域农业物流生态圈，政府对县域农业物流发展的战略导向能力、政府的政策和资金支持力度起到重要作用。因为此时的生态圈发展还处于起步阶段，政府制定相关的战略，从国家层面长远规划县域农业物流发展，有利于吸引更多的主体参与到县域农业物流活动中。此外，由于在生态圈建立初期需要建设大量的农业物流基础设施、互联网基础设施,如果仅仅靠市场力量,将不足以促进县域农业物流生态圈发展,所以必然需要政府从政策、资金方面给予大力支持。

企业因素层面:通过分析要素层指标对准则层指标的权重可知,企业资源就绪度指标权重排第一,说明此阶段企业参与县域农业物流活动准备得越充分,越容易适应生态圈活动的营商环境,越容易积蓄力量快速成长为生态圈龙头企业。此外,在这个阶段,企业与生态圈共同成长,企业还应当注重提高现代化管理水平,否则当生态圈跃迁进入协作阶段,若企业自身现代化管理水平不足,将很容易丢失更大更广的农业物流市场。

4.4.2 协作跃迁阶段的指标权重

在县域农业物流生态圈协同演化的协作跃迁阶段,县域农业物流市场进入成长阶段,市场规模逐渐增大,价格竞争开始,利润空间缩小,农业物流技术与设备逐步发展成熟,企业在技术、物流设备和人才等资源方面的投入逐步加大,企业开始上市融资。

我们将专家对县域农业物流生态圈协同演化协作跃迁阶段的指标权重打分依次输入 YAAHP 软件,确定专家判断矩阵满足一致性检验要求的问卷共计 40 份,然后把每位专家的权重值输入群决策选项中,通过各专家排序向量加权算术平均,计算出 40 份有效问卷中关于县域农业物流生态圈协同演化协作跃迁阶段的指标权重,如表 4-10 所示。

通过以上数据总体分析,可得出准则层指标对目标层指标的权重值结果,从中可以看出,协作跃迁阶段中市场因素层面的指标权重排第一,说明县域农业物流生态圈协同演化协作跃迁阶段的活动以市场为主体,需要市场内相关组织相互协作,共同努力把县域农业物流生态圈做大做强。政府因素层面的指标权重排第二,说明在协作跃迁阶段依然需要政府继续加强政策、资金投入,提高县域农业物流公共服务和管理水平。企业是县域农业物流生态圈协同演化过程中最活跃的主体,其指标权重排第三,说明企业除了提升自身管理能力外,还应当积极参与县域农业物流活动,加强与生态圈内不同组织的利益往来,提高资源整合能力,进一步做大做强,争取抢占县域农业物流行业内更大的市场。技术因素层面的指标权重在这个阶段调整为第四,说明此阶段先进物流技

表 4-10 县域农业物流生态圈协同演化协作跃迁阶段指标权重

目标层	准则层指标	准则层指标对目标层指标的权重	要素层指标	要素层指标对准则层指标的权重	排序	要素层指标对目标层指标的权重	排序
县域农业物流生态圈协作跃迁阶段 C0	技术因素层面 C1	0.1397	技术先进性（D1）	0.1154	4	0.0161	18
			技术兼容性（D2）	0.4739	1	0.0662	6
			技术感知易用性（D3）	0.2559	2	0.0357	12
			技术风险防控程度（D4）	0.1547	3	0.0216	17
	市场因素层面 C2	0.3873	物流市场份额（含潜在）（D5）	0.1573	3	0.0609	7
			物流市场发展有序度（D6）	0.1071	5	0.0415	11
			客户满意程度（D7）	0.2578	2	0.0999	3
			生态圈组织共同愿景（D8）	0.0710	6	0.0275	15
			生态圈组织利益协调性（D9）	0.2791	1	0.1081	2
			生态圈组织间关系稳定性（D10）	0.1277	4	0.0495	9
	政府因素层面 C3	0.2748	法制体系和法治环境（D11）	0.1693	3	0.0465	10
			战略导向能力（D12）	0.1258	4	0.0346	13
			公共服务和管理水平（D13）	0.2895	2	0.0796	5
			政策、资金支持力度（D14）	0.4155	1	0.1142	1
	企业因素层面 C4	0.1981	企业现代化管理水平（D15）	0.1653	3	0.0327	14
			资源整合能力（D16）	0.4484	1	0.0889	4
			资源就绪度（D17）	0.1254	4	0.0248	16
			人才管理水平（D18）	0.2609	2	0.0517	8

术、先进互联网技术已经引入，此阶段的重点是努力提高技术的兼容性和易用性。

技术因素层面：通过分析要素层指标对准则层指标的权重可知，技术兼容性指标权重排第一，说明在县域农业物流生态圈协同演化协作跃迁阶段，虽然生态圈内各个组织引入了各项先进技术，但可能这些技术所使用的标准不同或者相关的零部件规格不同，导致生态圈内不同组织的技术无法兼容，降低了县域农业物流运营效率，并可能导致县域农业物流服务标准不同，引发生态圈不同主体的利益冲突。在此阶段，技术感知易用性依然具有很高的权重，简单易用的技术更容易被生态圈主体接受并推广。

市场因素层面：通过分析要素层指标对准则层指标的权重可知，生态圈组织利益协调性指标权重排第一，说明在县域农业物流生态圈初步形成后，为进一步促进生态圈的发展，需要注重协调生态圈组织的利益。客户满意程度指标权重排第二，说明提高客户满意程度，有利于使更多的客户进入县域农业物流生态圈市场，形成客户黏性，巩固并发展生态圈市场份额。生态圈组织共同愿景、物流市场发展有序度虽然对发展县域农业物流生态圈有一定的促进作用，但在此阶段不是主要影响因素。

政府因素层面：通过分析要素层指标对准则层指标的权重可知，政策、资金支持力度指标权重排第一，说明在这一阶段，县域农业物流生态圈初具规模，但还需要进一步发展，依然需要政府出台相关政策，给予资金支持。政府公共服务和管理水平指标权重排第二，说明此阶段政府仍然要为县域农业物流生态圈的建设发展提供相应的咨询、政务等方面的服务，从而进一步扩大生态圈圈层范围。这一阶段，法制体系和法治环境指标、战略导向能力指标不是重点，因此排第三、第四位。

企业因素层面：通过分析要素层指标对准则层指标的权重可知，这一阶段企业资源整合能力指标权重跃升为第一。生态圈内存在不同层次的企业与相关组织机构，存在不同的农业物流资源，企业在县域农业物流生态圈协作跃迁阶段，通过加强资源整合能力来增强竞争优势。人才管理水平指标权重排第二，这是由于随着业务量的增加，新技术、新模式的引入，企业对高级人才的需求也增加，企业要加强人才管理，进行多层次的培训，提升员工应对不同工作场景的综合能力。企业现代化管理水平指标权重排第三，说明此阶段加强企业现代化管理水平依然是企业工作的重点。

4.4.3 协同跃迁阶段的指标权重

在县域农业物流生态圈协同跃迁阶段，县域农业物流市场进入成熟阶段，市场规模逐渐增大并达到最大，企业边际利润进一步递减，物流巨头与规模较小的企业共同抢占市场份额，企业资源投入稳定，需要通过多种形式的融资进一步扩大市场。我们将专家对县域农业物流生态圈协同演化协同跃迁阶段的指标权重打分依次输入YAAHP软件，确定专家判断矩阵满足一致性检验要求的问卷共计40份，然后把每位专家的权重值输入群决策选项中，通过各专家排序向量加权算术平均，计算出40份有效问卷中关于县域农业物流生态圈协同跃迁阶段的指标权重，如表4-11所示。

表4-11 县域农业物流生态圈协同演化协同跃迁阶段指标权重

目标层	准则层指标	准则层指标对目标层指标的权重	要素层指标	要素层指标对准则层指标的权重	排序	要素层指标对目标层指标的权重	排序
县域农业物流生态圈协同跃迁阶段 E0	技术因素层面 E1	0.1370	技术先进性（F1）	0.1397	4	0.0191	18
			技术兼容性（F2）	0.2748	2	0.0377	12
			技术感知易用性（F3）	0.1981	3	0.0271	15
			技术风险防控程度（F4）	0.3873	1	0.0571	7
	市场因素层面 E2	0.4195	物流市场份额（含潜在）（F5）	0.1362	4	0.0531	9
			物流市场发展有序度（F6）	0.1011	5	0.0424	10
			客户满意程度（F7）	0.1698	3	0.0712	5
			生态圈组织共同愿景（F8）	0.0793	6	0.0333	13
			生态圈组织利益协调性（F9）	0.3015	1	0.1265	1
			生态圈组织间关系稳定性（F10）	0.2121	2	0.0890	4
	政府因素层面 E3	0.1955	法制体系和法治环境（F11）	0.4615	1	0.0902	3
			战略导向能力（F12）	0.1071	4	0.0209	17
			公共服务和管理水平（F13）	0.2808	2	0.0549	8
			政策、资金支持力度（F14）	0.1506	3	0.0294	14
	企业因素层面 E4	0.2481	企业现代化管理水平（F15）	0.4445	1	0.1103	2
			资源整合能力（F16）	0.2832	2	0.0702	6
			资源就绪度（F17）	0.1072	4	0.0266	16
			人才管理水平（F18）	0.1651	3	0.0410	11

通过以上数据总体分析，可得出准则层指标对目标层指标的权重值结果，从中可以看出，在协同跃迁阶段，市场因素层面的指标权重依然排第一，说明该阶段县域农业物流生态圈市场已经形成并逐渐成熟，市场内主体活动较为活跃，圈层内组织关系较为紧密，往来活动频繁，已经形成较为良好的互动关系。企业因素层面的指标权重排第二，说明在协同跃迁阶段，企业是县域农业

4 县域农业物流生态圈协同演化的影响因素研究

物流生态圈最为活跃的主体,其在生态圈内开展相关商业活动,使县域农业物流得以有序发展。政府因素层面的指标权重在这个阶段排第三,由于此前政府已经完成了县域农业物流基础设施建设工作,所以此阶段政府需要做好相关服务工作并维持稳定的法治环境。在协调跃迁、协作跃迁阶段,先进的技术已经得到广泛应用,因此协同跃迁阶段关注如何用好这些技术,注意技术的风险防控等。

技术因素层面:通过分析要素层指标对准则层指标的权重可知,技术风险防控程度指标权重排第一,因为在协同跃迁阶段,生态圈主体已经建立起稳定关系,但如果某些互联网技术服务操作不当,很可能导致信息泄露或遭遇攻击,或对生态圈内其他主体提供不可靠、不安全的信息,使得生态圈的运行缺乏稳定性,所以技术风险防控至关重要。技术兼容性指标权重排第二,说明此阶段同样要注重已经使用的技术和即将使用的技术能够相互兼容,进一步维持生态圈的运营效率。

市场因素层面:通过分析要素层指标对准则层指标的权重可知,生态圈组织利益协调性指标权重依然排第一,这是因为协同跃迁阶段生态圈各主体关系较为稳定,每个主体都希望能够在县域农业物流生态圈内满足利益需求,但在开展具体的农业物流服务时,有些组织或成员可能因为发现其他组织有更加优惠的价格而不愿意继续交易,此时生态圈内的主导组织应采取措施对生态圈内组织的利益进行协调。生态圈组织间关系稳定性指标权重排第二,说明协同跃迁阶段生态圈主体逐步确定,组织也较为庞大,可以制定相关规章制度约束生态圈内主体的行为,保证生态圈内组织的稳定性,防止其随意进入或退出生态圈。

府因素层面:通过分析要素层指标对准则层指标的权重可知,在这一阶段,县域农业物流生态圈处于成熟阶段,为维护生态圈已有成果,需要政府从法制建设和法治环境维护等方面进行支持,因此本阶段法制体系和法治环境指标权重排第一。政府公共服务和管理水平指标权重排第二,说明此阶段政府仍然以服务为主,继续为县域农业物流生态圈组织提供相应的咨询、政务等方面的服务。

企业因素层面:通过分析要素层指标对准则层指标的权重可知,这一阶段企业现代化管理水平指标权重跃升为第一,说明随着生态圈的发展,企业也跟着发展壮大，迫切需要建立并完善现代企业规章制度。此阶段，企业同样要具备较强的资源整合能力，提升县域农业物流的业务量，保持企业的持续健康发展。

4.4.4 关键影响因素评述

（1）技术影响因素。三个跃迁阶段在技术层面共同的关键影响因素是技术兼容性，这是因为县域农业物流生态圈的协同演化涉及大数据、互联网、物联网以及智能技术等软硬件架构，兼容性强的技术更容易被推广。

（2）市场影响因素。协作跃迁阶段和协同跃迁阶段在市场层面共同的关键影响因素是物流市场发展有序度，表明县域农业物流生态圈协同演化的核心影响因素是井然有序的市场。在乡村分布分散，县域农业物流发展难的背景下，井然有序的县域农业物流市场可以促进县域农业物流生态圈更好地发展。

（3）政府影响因素。三个跃迁阶段在政府层面共同的关键影响因素是公共服务和管理水平，即政府为县域农业物流生态圈协同演化提供良好公共服务和管理的能力，这一因素能够促进县域农业物流生态圈的协同演化顺利有序地进行。

（4）企业影响因素。三个跃迁阶段在企业层面的关键影响因素有所不同，可以认为企业为了能更好地适应市场，在三个阶段不断地调整自己的工作重心。

4.5 本章小结

本章的目的是探索县域农业物流生态圈协同演化的主要影响因素，以便有效实现县域农业物流的数字化。为此，利用波特钻石模型得到县域农业物流生态圈协同演化的四个主要影响因素，即政府因素、企业因素、市场因素、技术因素。通过与第三章相结合，确定了县域农业物流生态圈协同演化三个阶段的要素层指标，并进一步采取群决策层次分析法，获得县域农业物流生态圈协同演化三个阶段的要素层关键指标。

5 县域农业物流生态圈的协同发展模式与实现路径分析

在数字经济的驱动下,县域农业物流相关研究主题从公共基础设施、仓储运输网络、互联网技术等硬实力优化整合逐渐转移到治理机制、产业组织结构、企业商业模式等软实力协同创新,聚焦于电子商务物流模式、大数据驱动模式和生态链模式等产数融合的新模式,从"四功能流"(信息流、商流、物流、资金流)与"五结构链"(信息链、供应链、价值链、技术链、产业链)等方面探索县域农业物流"最后一公里"和"最初一公里"难题的破解策略。

5.1 县域农业物流生态圈的协同发展模式

数字物流源于实体物流,物理世界的实体物流是构建数字物流系统的基础。数字物流系统应该是物理世界的实际物流系统和相应的虚拟物流系统两个层面相互作用、有机统一的整体。数字物流的研究内容包括数字产业化和物流数字化两大部分。数字产业化是进入物流领域的信息产业,而物流数字化是将物流系统各个要素以数据形式进行描述,形成相应的数字形式的虚拟物流系统,这部分内容也称为数字物流融合部分。本书主要从物流数字化的角度讨论数字物流系统的构建问题。

5.1.1 县域农业物流生态圈协同发展一般模式

县域农业物流生态圈的协同发展是一个复杂的过程,需要政府、县域农业物流服务需求方、县域农业物流服务提供方、互联网运营商与服务商、金融机构、气象预测机构等增值服务商共同参与。为实现信息流、资金流、物流的有效流动,促进物流供应链上下游共同创造价值,参与县域农业物流生态圈的服务企业需要在战略层、操作层等层面展开协同工作。

（1）县域农业物流生态圈协同发展一般模式的构成。县域农业物流生态圈协同发展一般模式的战略层属于指挥中枢，主要负责整个县域农业物流生态圈服务的规划设计、协同绩效评价考核、质量和服务标准的制定、协同利益的分配等。操作层制定高效的物流方案，确保对县域农业物流生态圈服务的集中控制及对县域农业物流服务质量的全程监控。操作层的主要目的是保障县域农业物流生态圈服务各个环节能有效衔接，实现县域农业物流资源的最有效利用。主要职责是根据战略层的要求，对相关物流功能云（服务组合、功能组合等）进行加工处理，指令农产品物流服务提供方为农产品物流服务需求方提供高品质的物流服务，实时监控、跟踪、传递和反馈用户及承运方的动态，并将相关信息及时与战略层交流沟通。操作层还必须制定统一的质量标准、物流操作规程和管理规范等。由于县域农业物流具有规模小、频次多等特点，需要运用大数据算法结合物流服务经验，有效保证物流服务供应链的执行。同时，应基于算出的数据优化相关运输路线，规划运输规模，支持县域农业物流生态圈服务有序开展。县域农业物流服务的开展同样要注重收益，可根据县域农业物流所能够提供的物流服务品类，如冷链、仓储等服务品类，结合定价策略和相关算法，构建量价关系模型，提升县域农业物流竞争能力。

县域农业物流生态圈的基础层也是支撑层，主要包括各种软硬件技术。软件技术主要有各种物流技术（如标识代码技术、无线射频技术）、管理技术（如全面质量管理、准时供应、电子自动订货系统、用户关系管理、金融结算交易系统、电子政务系统）、标准化技术（如业务流程的标准化、物流作业时间的标准化）等。硬件技术主要是指云计算、物联网、传感网等所需的计算机硬件以及其他设备，这些技术可以让县域农业物流的提供方、需求方及时通过可视化的监控系统了解业务处理状态。例如，运用这些技术，县域农业物流服务提供方可以发布物流服务信息；云服务运营商可以提供县域农业物流配送最优组合方式；县域农业物流需求方则能按需订购相应的物流服务；相关县域农业物流服务提供方可以进行协同配送；技术服务商可以反馈物流配送实时信息；金融机构、政府相关部门与增值服务商可以提供交易结算、保险等服务。各主体通过协同完成县域农业物流需求方的订购任务。

（2）主要的一般模式。第一，平台模式。电子商务交易模式打破了传统面对面交易的商业模式，通过电子商务平台实现了商流、信息流、资金流的相互传递。但由于交易品大多为实物，物流作为中间环节是必不可少的。目前，中国县域农业物流的发展尚处于起步阶段，其需求的批量小而分散等特征是制约电子商务环境下县域农业物流发展的主要因素。县域农业物流缺乏统一规划、基础设施落后、技术水平低、市场管理乏力、企业竞争无序等问题成为电子商务快速发展的瓶颈。必须通过加强电子商务与县域农业物流的协同发展来提升电子商务企业的竞争力，实现差异化竞争，满足乡村群众的物流与电子商务需求。例如，京东、阿里巴巴发展农村电子商务，建立县级配送中心和村级服务站，广泛招募村民参与建设，并打造配送到户的自营物流网络，抢先占据农村市场。乡村是电子商务企业开拓市场，获取收益的新蓝海。抢占乡村广袤的市场，其短板在于物流配送体系构建方面。从已有模式看，主要有自建物流体系和吸引第三方物流企业参与两种。自建县域农业物流服务体系，有利于企业加强对自身供应链运作过程的控制，实现各个环节的无缝对接，但存在前期资金投入较大等问题。在第三方物流企业参与县域农业物流服务配送的情况下，目前由于成本等因素，其配送服务地点一般在距离乡镇中心较近的村级单位。无论是自建物流体系还是第三方参与，互联网新技术、新兴智能设备都受到极大的重视，大数据技术等也极大地推动了电子商务与县域农业物流的协同发展，如图 5-1 所示。

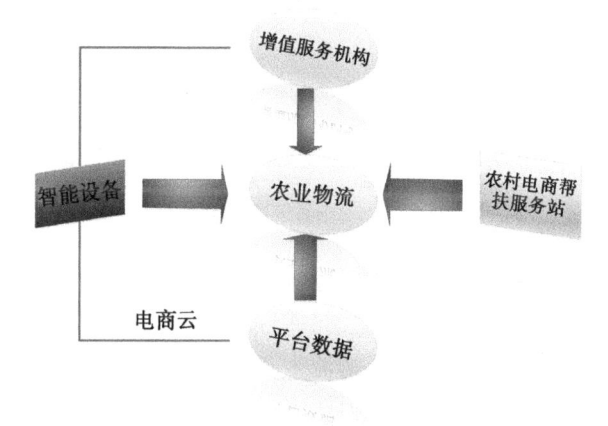

图 5-1 电子商务与县域农业物流协同发展模式

第二，大数据驱动模式。大数据技术的引入，使得县域农业物流的"数据化"和"体验"增强。通过建立"用数据说话、用数据决策、用数据管理、用数据创新"的数据驱动机制，可以促进数据流与物流、资金流的融合，强化资源整合和协同发展。在大数据驱动模式的构建流程中，用户建档是关键环节。通过共享和交换县域农业物流数据，可以对用户画像进行准确分析，确定用户的消费特点、消费习惯以及可能的物流节点选址地点。通过"历史数据分析—圈定目标用户—确定产品—制定营销策略—实施营销方案—评估营销效果—修改用户标签"的闭环管控，可以实现参与县域农业物流生态圈协同运作的企业间的资源整合，专业间的协同发展。建立大数据驱动模式的一般流程如下：建立用户标签体系，助力用户价值结构化；完善用户画像，驱动用户感知立体化；迭代用户模型，促进服务模式差异化；全方位认识用户，全面评估用户价值。如图 5-2 所示。

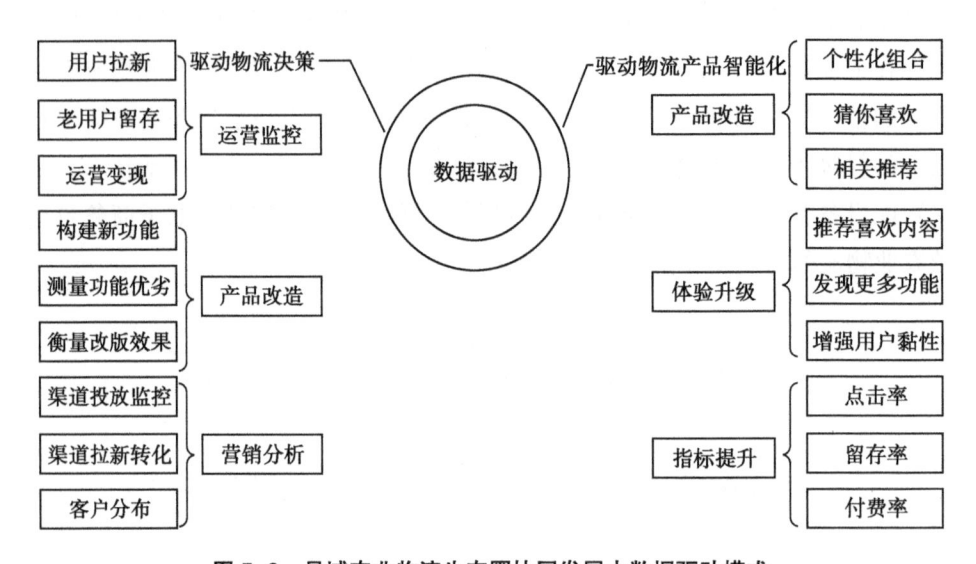

图 5-2　县域农业物流生态圈协同发展大数据驱动模式

第三，生态圈模式。县域农业物流生态圈分为核心圈层和支撑圈层，基于信息流、资金流、物流功能协同，形成"政府、物流服务商、消费者、生产者（农民）/供应商、金融机构、互联网服务商"六位一体的县域农业物流生态圈结构模型，包括：物流信息平台、金融信息平台、交易信息平台、政府政务信息平台四个平台；信息流、物流、资金流、商流四种功能流；信息链、供应

5 县域农业物流生态圈的协同发展模式与实现路径分析

链、价值链、技术链和产业链五类结构链。其中，协同"大市场"，即纵向市场（线上、线下、平台市场）和横向市场（境内外农产品市场）的协同。在这个圈层结构中，农户是整个生态圈的核心，也是整个生态圈服务的主要对象。支撑圈层的主体包括政府、互联网企业、农资供应商、金融机构、气象部门等农业增值服务机构，可提供农产品交易功能、金融服务功能、数据服务功能、政府监管服务职能等系统功能。以云平台（大数据中心）为核心，向外依次是互联网、物联网、传感网，构成开放式网状信息传导圈层结构。县域农业物流生态圈圈层结构的构建实质上是跨行业、跨企业的资源协同整合，是生态圈系统内部各成员之间按一定目的和要求进行整合重组，将原来有序度低的、分散的系统资源变成有序度高的、和谐的自组织系统资源，从而发挥出强大的协同竞争力，产生倍增协同效应。其发展演化大致可分为三个相变阶段（这也是序参量发生突变的过程）：协调相变→协作相变→协同相变。第一个相变阶段是协调相变，即县域农业物流生态圈成员间开始协作，这是生态圈系统从非组织化到组织化演化的过程，它意味着生态圈系统的起源和开始；第二个相变阶段是协作相变，它是生态圈成员间协同关系层次跃升的过程，是由低组织程度向高组织程度演化的过程；第三个相变阶段是协同相变，它是生态圈成员间的组织结构和功能在相同组织层次上由简单到复杂演化的过程。如图5-3所示。

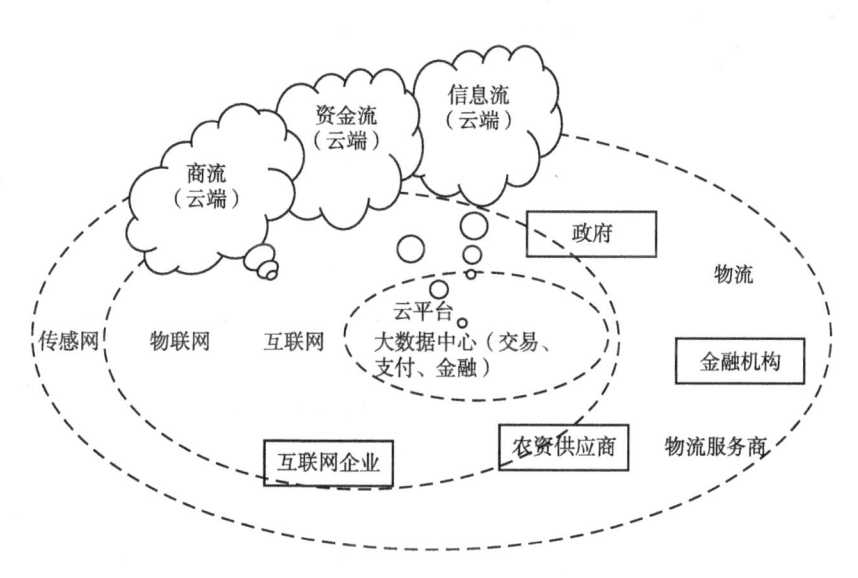

图5-3 县域农业物流生态圈圈层结构

5.1.2 协同发展衍生模式

我们在县域农业物流生态圈协同发展一般模式的基础上，按照"因素→路径→模式"的研究思路，以市场化程度为横轴、物流效率为纵轴构建波士顿矩阵，探究政府和市场主导路径下的八种协同管理衍生模式。如图5-4所示。

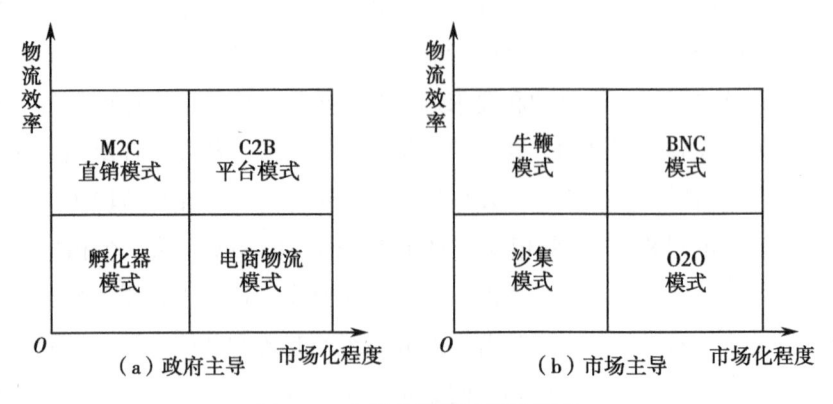

图5-4 八种协同管理衍生模式

（1）政府主导下的四种协同发展衍生模式。第一，M2C直销模式。M2C是基于国内外一些物流公司或者贸易公司（统称服务商）拥有的海外仓储及配送服务，为中国优质制造商和外贸卖家搭建的"中国制造，全球直销"平台。M2C直销模式发展势头强劲不是偶然而是必然。首先是具有价格优势。其次是拥有资源优势。在M2C直销模式下，制造商把销售渠道资源完全掌握在手中，这样就可以对产品配送、物流、订单处理、消费者信息等环节进行有效的整合，建立一套完整、高效的渠道信息系统，充分享受独有的销售分配资源。最后是具有服务优势。制造商可以将营销职能前置，针对消费者需求，提供个性化的产品和服务。

第二，C2B平台模式。电子商务以自己独特的方式经历了门户专卖、B2B、C2C、B2C这四个阶段，其中B2B、C2C与B2C目前在国内电子商务网站中是最流行的。而C2B是一种新型的电子商务模式，即消费者对企业（Customer to Business）。C2B的核心是以消费者为中心，由消费者当家做主。站在消费者的角度看，C2B产品应该具有以下特征：①相同生产厂家的相同型号的产品无论通过什么终端渠道购买价格都一样，也就是全国一个价，渠道不掌握定价权（消费者平等）；②C2B产品价格组成结构合理（拒绝暴利）；③渠道透明（拒绝"山寨"）；④供应链透明（品牌共享）。C2B平台模式强调用"汇聚需求"（Demand Aggregator）取代传统"汇聚供应商"的购物中心形态，被视为一种接近完美的交易形式。总之，C2B平台模式充分利用互联网的特点，把分散的消费者及其购买需求聚合起来，形成类似于集团购买的大订单。在采购过程中，以数量优势同厂商进行价格谈判，争取最优惠的折扣。个体消费者可享受到以批发商价格购买单件商品的实际利益，从而提高其参与感与成就感。

第三，孵化器模式。中国企业孵化器最早出现于20世纪80年代后期。到2002年中期，中国企业孵化器已达到465家，居世界第二位。经过多年的发展，我国孵化器模式在结构、功能方面不断深化和发展，总结起来，我国企业孵化器模式的演变主要经历了以下两个阶段：初创阶段——共享空间+共享设施+简单共享服务；发展阶段——共享空间+共享设施+共享服务+专业咨询。理想的孵化器模式要扶持企业从初创期跨越到扩展期，其间涉及管理、政策、环境、资金扶持等各个方面。

第四，电商物流模式。电商物流模式主要指以市场为导向，以满足顾客要求为宗旨，实现系统总效益最优化的适应现代社会经济发展的模式。电商物流模式有以下几种：第一，轻公司轻资产模式，指电子商务企业做自己最擅长的领域，如平台、数据等，而把其他业务如生产、物流都外包给第三方专业企业去做，最终把公司做小，把用户群体做大；第二，垂直一体化模式，也被叫作纵向一体化模式，即从配送中心到运输队伍全部由电子商务企业自己整体建设，这是与轻公司轻资产模式完全相反的物流模式，它将大量的资金用于物流队伍、运输车队、仓储体系建设；第三，半外包模式，相对于垂直一体化的过于复杂和庞大，半外包是比较经济而且相对可控的模式，它也被称为半一体化模式，即电子商务企业自建物流中心和掌控核心区域的物流队伍，而将非核心区域的物流业务进行外包；第四，云物流云仓储模式，就是借鉴目前热门的云计算、云制造等概念，充分利用分散、不均的物流资源，通过某种体系、标准和平台进行整合，为我所用、节约资源，相关的概念还有云快递、云仓储。

（2）市场主导下的四种协同发展衍生模式。第一，牛鞭模式。供应链上有一种需求变异放大现象，指信息流从最终用户端向原始供应商端传递时，因无法有效地实现信息共享，使得信息扭曲而逐级放大，导致需求信息出现越来越大的波动，此信息扭曲的放大作用在图形上很像一个甩起的牛鞭，因此被形象地称为"牛鞭效应"。牛鞭效应是市场营销中普遍存在的高风险现象，是销售商与供应商在需求预测修正、订货批量决策、价格波动、库存责任失衡和应付环境变异等方面博弈的结果，增大了供应商生产、供应、库存管理和市场营销的不稳定性。企业可以从以下六个方面规避或化解需求变异放大的影响：订货分级管理；加强入库管理，合理分担库存责任；缩短提前期，实行外包服务；规避短缺情况下的博弈行为；参考历史资料，适当减量修正，分批发送；提前回款期限。

第二，BNC模式。裂变模式即Business Name Consumer Model，简称BNC模式。智能商城BNC模式具有B2C、C2C、O2O等模式的优势，可以同时弥补以上模式的弊端，做到快速免费地推广企业和产品，最大限度地挖掘出每个人的资源和潜力。智能商城是一个集高端云技术和独特裂变技术于一体的网络平台，是一个超越所有传统商业模式和电子商务模式的新型商务模式，也是一个真正有助于广大消费者零起步创业的舞台。其特点是快速裂变，抑制同行模仿，项目启动一年内无人能模仿得了，这将是互联网及电子商务的最大创举，同时也让电子商务快速进入后电子商务时代，从而结束"诸侯混战"的时代。

第三，沙集模式。沙集模式是一种农村电子商务模式，即农户自发地使用市场化的电子商务交易平台变身为网商，直接对接市场；网销通过细胞裂变式的复制扩张，带动制造业及其他配套产业发展，各种市场元素不断跟进，生成以公司为主体、多业态并存共生的新商业生态；这个新生态又促进农户网商进一步创新，推动当地农村经济社会转型乃至农民本身全面发展。

第四，O2O模式。O2O（Online to Offline）是一种新型的电子商务模式，指将线下的商务机会与互联网结合，让互联网成为线下交易的前台。O2O模式的概念非常广泛，只要产业链中既涉及线上，又涉及线下，就可通称为O2O模式。构建O2O电子商务模式需具备五大要素：独立网上商城、国家级权威行业可信网站认证、在线网络广告营销推广、全面社交媒体与用户在线互动、线上线下一体化的会员营销系统。有人认为，一家企业能兼备网上商城及线下实体店两者，并且网上商城与线下实体店全品类价格相同，即可称为O2O模式；也有人认为，O2O是B2C（Business to Customers）的一种特殊形式。

5.2 单一主体与多主体数字化物流协同发展模式比较

县域农业物流生态圈作为一个复杂的系统，在利用数字技术搭建县域农业物流共享平台的基础上，可以实现系统多主体的协同管理，突破目前的发展瓶颈，增强对用户需求的柔性反应，并逐步发展演化，最终形成配送生态系统。但是通过对文献资料的归纳总结发现，对于县域农业物流生态圈的模型构建，定性研究的文献较多，无法很好地诠释县域农业物流生态圈的动态演化过程。因此，在结合前人研究成果的基础上，我们筛选出县域农业物流生态圈的主体，运用Vensim软件，依据"建模原则→模型边界界定→SD模型构建→系统动力学流图构建→仿真模拟分析"的思路，仿真模拟县域农业物流生态圈的发展情况。

5.2.1 模型边界界定

建模的目的是运用系统动力学（System Dynamics）的方法来分析县域农业物流生态圈数字化的自组织过程，通过对比县域农业物流市场单一企业主体和多企业主体的库存变化情况及用户评价情况，来判断县域农业物流生态圈的实际运作效率。模型边界界定即明确研究主体的范围及具体问题，从而明确影响系统的有效变量。因此，必须针对县域农业物流市场单一企业主体和多企业主体的关系进行界定和划分，了解不同变量对主体之间关系的影响，确保模型系统的动态性及闭合性。

（1）单一企业主体。县域农业物流市场单一企业主体变量包括龙头物流企业库存、配送网点库存、预计网点配送量、预计物流订单数量及用户评价等。在这种配送模式中，整体的配送流程只是发生在龙头物流企业的内部配送网络当中，各级主体信息反馈形式单一，缺乏协作反馈，以实现自身利益最大化为目标，缺乏对配送网络全流程的考量，系统只能依赖企业自身的策略优化实现系统资源的合理配置，如图5-5所示。

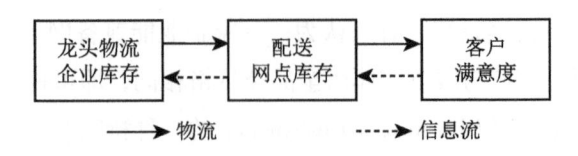

图 5-5　县域农业物流市场单一主体变量边界

（2）多企业主体。县域农业物流市场多企业主体变量包括中上游物流服务需求方、物流服务信息平台效率、中小型物流企业库存等。在这种配送模式中，系统主体的协作程度及信息数据的开放程度都有提高，并可根据外部环境的变化，做到战略、策略、资源的动态调整，系统内部的主体成员之间自发组织开展合作和融合，明确各主体的定位及分工，以实现同城网络配送系统的高效运转，并构建新的高效的县域农业物流生态圈，如图 5-6 所示。

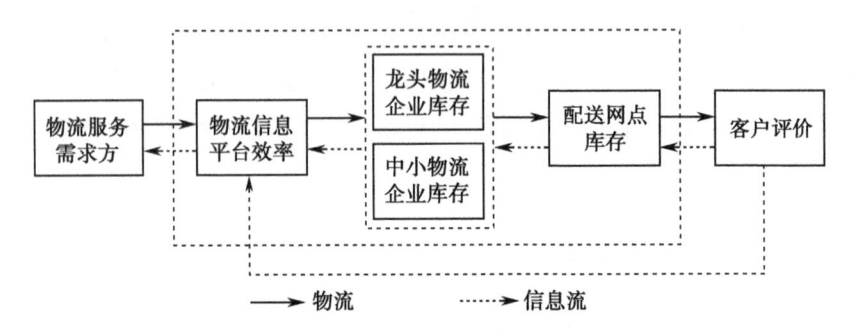

图 5-6　县域农业物流市场多主体变量边界

综上所述，县域农业物流生态圈是一个动态复杂的系统，无论哪种模式，从长远来看，配送主体必将根据外部环境的变化不断对自身的结构进行重组、调整和优化，满足用户需求。通过研究对比不同配送模式中各主体企业的库存变动情况，考察其系统边界，是十分必要的。

5.2.2　系统因果反馈图

我们结合县域农业物流生态圈效率衡量指标，对系统内企业主体及其变量之间的逻辑关系进行结构化和具体化，推导出县域农业物流生态圈的具体架构及因果反馈图，展示正反馈回路及负反馈回路的因果关系，为后续系统动力学流图的构建奠定基础。在确定模型边界之后，根据建模的目的并结合实际运作原则和配送系统效率衡量原则，对各主体之间的影响关系进行细化，通过表达正反馈和负反馈的回路，连接主体变量及相关的细分变量，构建出结构化的因果反馈图（Causal Loop Diagram，CLD），并根据因果反馈图进一步构建系统动力学流图。正负反馈回路各有特点：正反馈回路可以加强系统局部的反馈效果，具有明显的自我增强特性，进而导致系统的失衡和不稳定；而负反馈回路具有平衡及收敛功能，因而也被称为平衡回路，能实现系统的自我调节和稳定。

（1）县域农业物流市场单一企业主体系统因果反馈分析。利用系统动力学模拟软件 Vensim 制作和分析县域农业物流市场单一企业主体系统的因果反馈图，如图5-7所示。

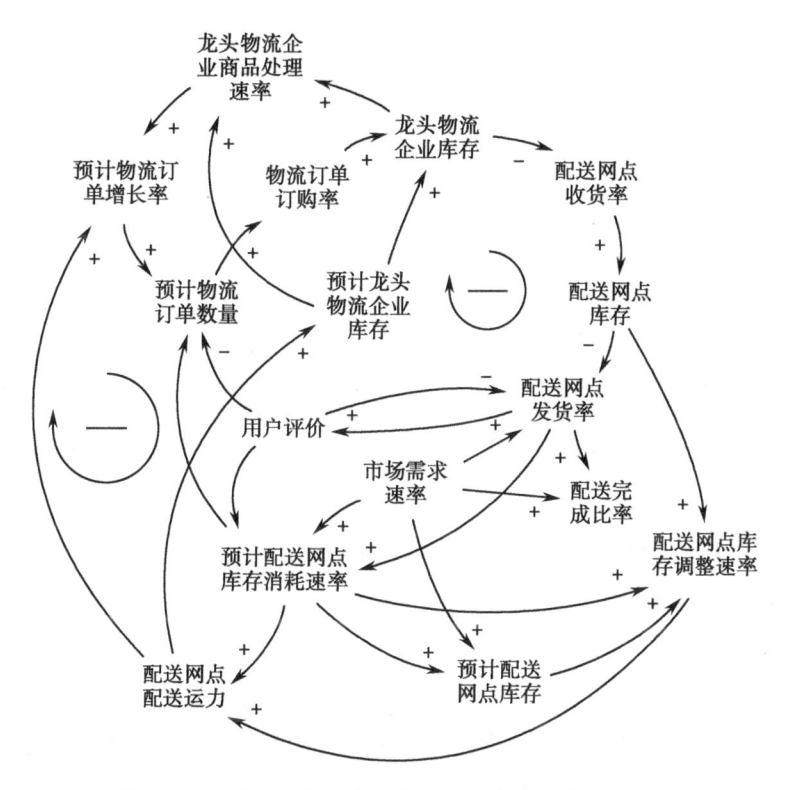

图5-7 县域农业物流市场单一企业主体系统因果反馈

县域农业物流市场单一企业主体实质上就是龙头物流企业，其内部配送系统在配送过程中，相关变量会呈现负相关，主体的库存所接受的货品均会增加，配送的货品会出现一定的下滑，配送速度也会出现一定的延迟而影响用户,并进一步影响至预计物流订单的增长率和配送网点的发货速率。

龙头物流企业的订单是以自身配送网点的库存为依据,根据市场需求速率和相应的库存调整周期,得出预计配送网点库存消耗速率,并进一步得出预计配送网点库存,将其反馈至配送网点;配送网点将库存调整速率同龙头物流企业库存调整速率进行结合,参照用户满意度,汇总成预计物流订单,龙头物流企业以此进行配送计划安排。虽然龙头物流企业在市场需求正常波动的情况下可以较好地处理众多配送订单,完成配送任务,但是必须以配送子系统与信息反馈子系统良好运行为前提。

在订单量激增的情况下,信息反馈子系统在实时运作中根据市场需求和龙头物流企业库存情况进行预测,及时做出反应和调整;而配送子系统则会出现迟滞,尤其是配送网点会出现库存积压,严重时还会出现爆仓等极端情况。配送人员在配送的过程中亦会面临天气恶劣、用户拒收、待收等客观因素,降低配送效率,使得配送网点的发货率降低。

因此,在下一轮订单波峰到来之前,倘若配送货品没有配送到位,就会出现积压,未来的订单数量预测和现有配送网点待配送商品的叠加,会进一步增加预计配送网点配送量,传导至预计配送网点库存,延缓配送网点库存调整速率,造成整个配送网络系统的阻塞不畅,陷入恶性循环中。而龙头物流企业自身只能通过增加投入、调整策略进行系统优化,并需要一定的周期以重新恢复系统运转,其时效性会大打折扣,这是县域农业物流市场单一企业主体系统的弊端。

(2)县域农业物流市场多企业主体系统因果反馈分析。利用系统动力学模拟软件 Vensim 制作和分析县域农业物流市场多企业主体系统的因果反馈图,如图 5-8 所示。

虽然多企业主体系统是在单一企业主体系统基础上的进一步改进,但是无论是运力配置、信息专业化程度还是组织结构都有了很大的提升,系统平衡性和动态性更佳。

(3)两者比较。与县域农业物流市场单一企业主体系统相比,县域农业物流市场多企业主体系统集成了物流服务需求方库存、县域农业物流企业库存以及由物流服务需求方同龙头物流企业共建的物流服务信息平台,实现了资源整合和订单信息的数字化处理。

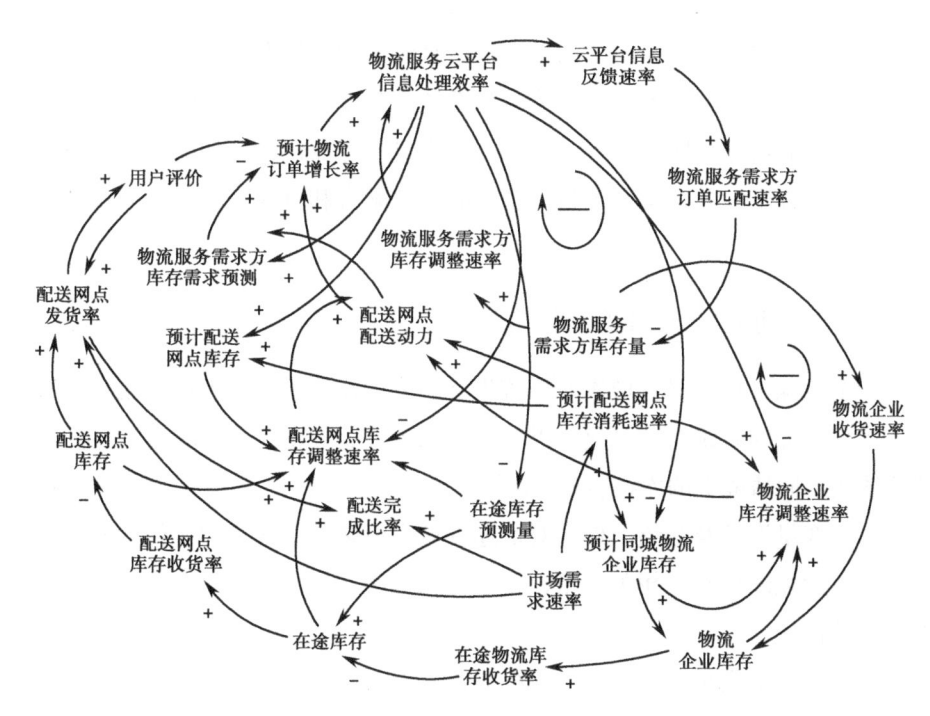

5 县域农业物流生态圈的协同发展模式与实现路径分析

图5-8 县域农业物流市场多企业主体系统因果反馈

第一，物流数据平台更开放。物流数据平台集成了多渠道的数据来源，将众多主体的配送信息，特别是预计库存、库存需求预测及主体变量库存周转速率进行收集和共享，打破了数据来源单一的瓶颈，实现了县域农业物流的一体化、动态化。各主体可通过平台共享信息，准确掌握市场情况。

第二，数据价值产生协同效应。物流数据平台进行大量的信息收集和数据处理工作，对冗杂重复的配送信息进行筛选和整理，使配送信息结构化、分类化、模块化，从而消除信息不对称，进一步挖掘信息价值，并及时反馈给主体变量，实现对资源的合理调配，在提高配送效率的同时获得用户的好评，降低企业库存，实现系统的数据驱动。再就配送运力而言，将龙头物流企业库存同中小型甚至是众包物流企业库存进行合并，集成为乡村区域内物流企业库存，"大仓库"的库存规模及运力配置显著增强，可实现商品分流和灵活配送，弥补系统目前面临的用户分散、订单激增及运力短缺等短板，有效提高县域农业物流生态圈对市场的反应能力，并进一步完善县域农业物流的定点布局，提高配送效率，但是所收送的商品也明显增多，库存在实际情况下均会表现为逐级

123

递减。另外，多企业主体系统的最大价值来源于物流生态的构建。其以物流数据平台为媒介，聚合了不同的主体参与系统的建设，实现了系统成员的自组织行为，组织成员分工明确，各司其职，发挥自身专业优势，提高了系统的专业化和集约化程度，并且实现了整个系统的开放融合和自我完善，从而更好地满足用户需求。

5.2.3 动力学流图及函数方程

为了更深入地诠释县域农业物流生态圈的运作流程，本书通过编写函数程序，将所研究的系统变量量化，以对比市场单一企业主体系统和市场多企业主体系统在不同情境下的库存表现情况。

（1）变量设计及介绍。根据对上述县域农业物流市场企业主体的分析，得出涉及后续流图构建的相关变量，可以分为四类，即水平变量、流率变量、辅助变量及常数。

第一，水平变量。水平变量也称为流位变量、状态变量，带有初始值，可用流率变量及影响流率变量的因素（控制变量）表示，用来描述系统状态。在县域农业物流生态圈中，水平变量包括龙头物流企业库存、配送网点库存、预计配送网点配送量、预计物流订单数量、用户评价、物流服务需求方库存量、物流服务云平台信息处理效率、县域农业物流企业整合库存、在途库存，如表5-1所示。

表 5-1 水平变量相关指标

指标变量	具体内容
龙头物流企业库存	可承接中上游物流需求方暂时存储商品的需求，是集现代仓储、分拣、配送于一体的大容量物流企业库存
配送网点库存	对接上游物流企业或上级配送网点的库存，是直接将物流商品送至用户手中的重要一环，受配送网点发货率和配送网点收货速率的影响
预计配送网点配送量	根据配送网点的实际配送情况，实时动态预计未来配送网点可承受的配送量，受市场需求速率和预计网点配送率的影响
预计物流订单数量	对市场需求及县域农业物流情况进行合理预测所得出的未来增加的物流订单数量
用户评价	用户对县域农业物流服务做出的评价，受用户满意度的直接影响

5 县域农业物流生态圈的协同发展模式与实现路径分析

续表

指标变量	具体内容
物流服务需求方库存量	根据物流信息平台所处理订单的情况，结合用户需求信息，获得用户订单，并将需求反馈给下游配送方，是县域农业物流生态圈重要的信息源
物流服务云平台信息处理效率	龙头物流企业同上下游物流服务需求方共建的云平台所进行的物流订单数据处理、资源调度及信息预测等活动的效率
县域农业物流企业整合库存	是包括龙头物流企业在内的相关物流企业的集合体，多方共享资源和协同合作，组成一个大规模、集成化的库存变量
在途库存	是指商品在交接过程中出现的未及时送达或处在运输状态的情况

第二，流率变量。流率变量是用来描述水平变量的变化率及系统累积效应变化速度快慢的变量。在县域农业物流生态圈中，流率变量包括龙头物流企业商品处理速率、物流服务需求方订单匹配速率、配送网点收货率、配送网点发货率、云平台订单信息整合速率、云平台物流订单数量调整速率、物流订单订购率、预计配送网点配送率、用户满意率、云平台信息反馈速率、县域农业物流企业收货率，如表 5-2 所示。

表 5-2 流率变量相关指标

指标变量	具体内容
龙头物流企业商品处理速率	单位时间内县域农业物流龙头企业承接商品流通的数量
物流服务需求方订单匹配速率	单位时间内县域农业物流企业承接物流订单的数量
配送网点收货率	单位时间内配送网点响应上游（龙头物流企业和中小型物流企业）的接件数量
配送网点发货率	单位时间内配送网点根据市场需求和自身库存容量为用户配送商品的数量
云平台订单信息整合速率	单位时间内县域农业物流云平台处理异常增加的物流需求与供给信息的数量
云平台物流订单数量调整速率	单位时间内县域农业物流云平台撮合异常增加的物流订单的数量
物流订单订购率	单位时间内县域农业物流主体在县域农业物流云平台上承接用户物流订单的数量
预计配送网点配送率	单位时间内配送网点配送物流订单的数量

续表

指标变量	具体内容
用户满意率	单位时间内县域农业物流用户对订单完成情况感到满意的数量，是体现用户评价的重要指标
云平台信息反馈速率	单位时间内县域农业物流云平台将用户订单运行情况及时反馈给物流服务需求方的数量
县域农业物流企业收货率	单位时间内县域农业物流企业在物流云平台上主动承接物流服务订单的数量

第三，辅助变量。辅助变量用来描述系统的局部结构，有助于增强对模型的理解及输出更为可靠的仿真模拟结果，是水平变量和流率变量的中间变量。在县域农业物流生态圈中，辅助变量包括县域农业物流龙头企业库存调整速率、县域农业物流企业库存调整速率、配送网点库存调整速率、预计物流订单增长率、县域农业物流龙头企业预计库存、配送网点配送运力、预计配送网点库存消耗速率、配送完成比率、在途库存需求预测、预计物流订单增长率、物流服务需求方库存需求预测、物流需求方库存调整速率、市场需求速率，如表5-3所示。

表5-3 辅助变量相关指标

指标变量	具体内容
县域农业物流龙头企业库存调整速率	单位时间内县域农业物流龙头企业库存的周转次数
县域农业物流企业库存调整速率	单位时间内县域所有农业物流企业的总库存周转次数
配送网点库存调整速率	单位时间内县域配送网点的总库存周转次数
预计物流订单增长率	县域农业物流订单相对于上个库存周转周期的数量同比增长率
县域农业物流龙头企业预计库存	县域农业物流龙头企业在下一个库存周转周期的期望库存情况
配送网点配送运力	县域农业物流配送网点在一个库存周转周期内的配送数量
预计配送网点库存消耗速率	县域农业物流配送网点在一个库存周转周期内已出库数量与"入库+在库"数量的比率
配送完成比率	县域农业物流配送网点在一个库存周转周期内承接订单的完成情况

5 县域农业物流生态圈的协同发展模式与实现路径分析

续表

指标变量	具体内容
在途库存需求预测	县域农业物流企业及其配送网点在一个库存周转周期内库存消耗的预测值
预计物流订单增长率	县域农业物流订单在下一个库存周转周期内同比增长的预测值
物流服务需求方库存需求预测	物流服务需求方根据云平台的信息反馈并结合自身已有的用户订单所预计的库存需求
物流需求方库存调整速率	依据物流需求方库存量,对库存调整周期及物流服务需求方库存需求的预测
市场需求速率	由模拟值提供的数值,是系统动力学模型主要的数据来源

第四,常数。常数一般为具体数值,表示相对稳定的量,主要包括库存调整周期、商品交货缓冲期、配送延迟时间、配送网点库存安全维持周期、用户申诉率、物流订单订购周期、云平台平均处理速率,如表5-4所示。

表 5-4 常数相关指标

指标变量	具体内容
库存调整周期	县域农业物流企业及其配送网点库存平均周转时间
商品交货缓冲期	商品流通过程中在县域农业物流企业及其配送网点滞留的最长时间
配送延迟时间	由不可抗力或其他原因造成配送网点发货延迟的时间
配送网点库存安全维持周期	正常入库和出库的情况下,县域农业物流配送网点防止爆仓及配送商品完好的时限
用户申诉率	用户不满意配送服务并进行投诉反映的数据
物流订单订购周期	县域农业物流企业完成物流云平台订单任务的平均时间
云平台平均处理速率	物流云平台向物流服务需求方反馈订单信息的平均时间

(2)县域农业物流市场单一企业配送系统流图及函数方程。县域农业物流市场龙头企业配送系统流图如图5-9所示。

县域农业物流市场单一企业配送系统是龙头物流企业配送系统,如EMS,由于雄厚的国资背景,无论是配送网络的分布、密度还是其运力配置,可以说

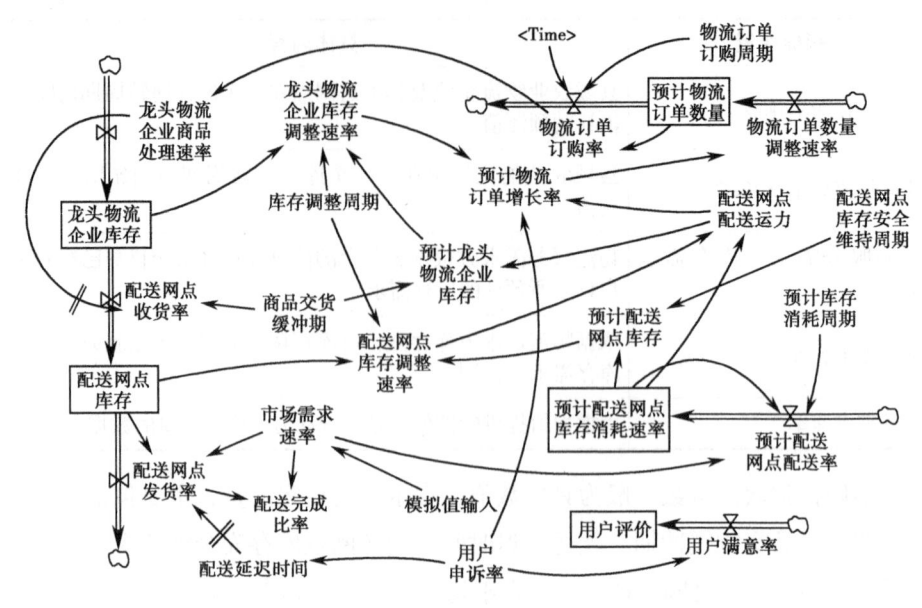

图 5-9 县域农业物流市场单一企业配送系统流图

是县域农业物流的"独角兽"。在这种模式下，中小型物流企业的订单可忽略不计，其主要职能是协助龙头企业完成配送任务。在该模式下，其库存管理模式是基于订单进行驱动的模式，各主体最重要的数据来源是订单数据。并且这种静态单一的库存管理模式导致配送网络各主体之间缺乏必要的沟通机制，信息不对称，进一步导致系统运行不畅。

在单一企业配送系统中，有五个最重要的子系统，分别是龙头物流企业库存、配送网点库存、预计配送网点配送量、用户评价及预计物流订单数量。在这个系统中，龙头物流企业是整个系统的起点，在获取物流商品之后将商品配送至配送网点，配送网点根据市场需求速率和用户评价情况进一步开展配送任务。在此过程中，双方都对自身的库存进行评估，并结合库存调整周期进行相应的调整。另外，龙头物流企业需要依据市场需求速率对预计配送网点配送量和预计物流订单数量进行预测，为完成后续县域农业物流任务做准备。县域农业物流市场单一企业配送系统函数方程如表 5-5 所示。

5 县域农业物流生态圈的协同发展模式与实现路径分析

表 5-5 县域农业物流市场单一企业配送系统函数方程

变量名称	单位	数值
模型运行环境设定		
FINAL TIME	Week	100（斜坡需求函数模拟周期）
		300（随机正态分布仿真模拟周期）
INITIAL TIME	Week	0
SAVEPER	Week	［0，?］
TIME STEP	Week	［0，?］
配送网点配送运力	Auxiliary	MAX（0，配送网点库存调整速率+预计配送网点配送量）
用户满意率	Level	1-用户申诉率
市场需求速率	Auxiliary	模拟值输入
模拟值输入	Auxiliary	斜坡需求函数：700+RAMP（10，10，30）
		随机正态分布函数：700+RANDOM NORMAL（200，500，0，100，4）
物流订单数量调整速率	Rate	预计物流订单增长率
物流订单订购率	Rate	IF THEN ELSE（MODULO（Time，物流订单订购周期）=0，预计物流订单数量，0）
配送完成比率	Auxiliary	配送网点发货率/市场需求速率
配送延迟时间	Auxiliary	1.5×（1+用户申诉率）
配送网点发货率	Rate	MIN（市场需求速率，DELAY1（配送网点库存，配送延迟时间））
配送网点库存	Level	INTEG（配送网点收货率-配送网点发货率，预计配送网点库存）
配送网点库存调整速率	Auxiliary	（预计配送网点库存-配送网点库存）/库存调整周期
配送网点收货率	Rate	ACTIVE INITIAL（DELAY1（龙头物流企业商品处理速率，商品交货缓冲期））
预计商品库存	Auxiliary	配送网点配送运力×商品交货缓冲期
预计物流订单增长率	Auxiliary	MAX（0，（配送网点配送运力+龙头物流企业库存调整速率）×（1-用户申诉率））
预计物流订单数量	Level	INTEG（物流订单数量调整速率-物流订单订购率，0）
预计配送网点库存	Auxiliary	预计配送网点配送量×配送网点库存安全维持周期

续表

变量函数方程设定

变量名称	变量类型	变量函数
预计配送网点配送率	Rate	（市场需求速率－预计配送网点配送量）/预计库存消耗周期
预计配送网点配送量	Level	INTEG（预计配送网点配送率，市场需求速率）
龙头物流企业库存	Level	INTEG（龙头物流企业商品处理速率－配送网点收货率，预计商品库存）
龙头物流企业库存调整速率	Auxiliary	（预计商品库存－龙头物流企业库存）/库存调整周期
龙头物流企业商品处理速率	Rate	物流订单订购率
用户申诉率	Constant	0.06
用户评价	Level	INTEG（用户满意率，0.9）
库存调整周期	Constant	4
商品交货缓冲期	Constant	3
物流订单订购周期	Constant	2
配送网点库存安全维持周期	Constant	3
预计库存消耗周期	Constant	2
配送延迟时间	Constant	1.5

（3）县域农业物流市场多企业配送系统流图及函数方程。县域农业物流市场多企业配送系统流图如图5-10所示。

县域农业物流市场多企业协同配送是在单一企业配送系统结构上，增加在途库存和物流服务需求方库存量，并根据县域农业物流市场多企业协同配送的特性，将龙头物流企业库存和待调整订单集合成为县域农业物流企业整合库存及物流信息平台。结构上的改变提高了系统的整体运行程度，促进了系统成员自组织行为的形成，打破了单向静止模式的库存管理状态，实现了各主体间库存信息的共享和数据的处理分析。由龙头物流企业和物流服务需求

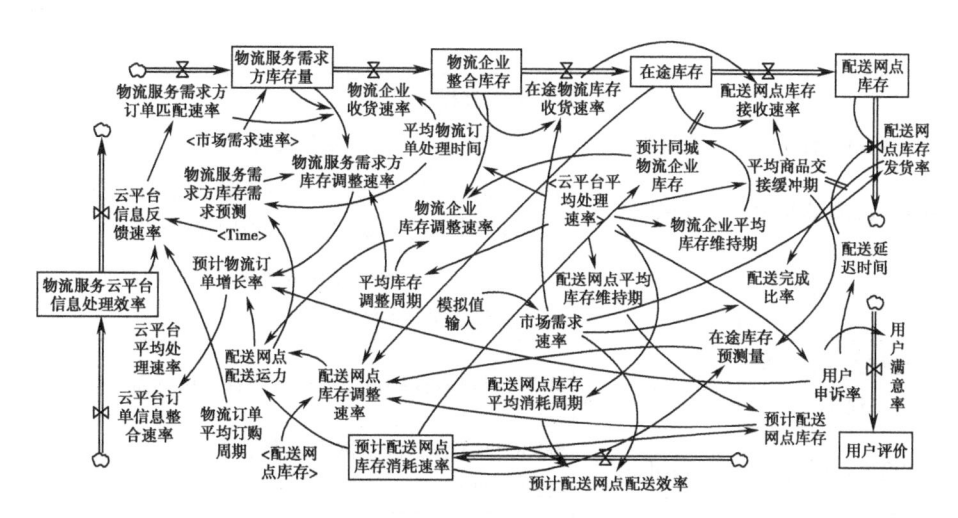

5 县域农业物流生态圈的协同发展模式与实现路径分析

图 5-10 县域农业物流市场多企业配送系统流图

方共同组建的物流信息平台,通过系统的循环流程,汇集各主体的库存信息,并通过数据处理和运算,将实际的情况进行反馈。县域农业物流企业可根据实时信息对自身的库存情况进行调整,重塑与整合自身资源,同龙头物流企业及其下属配送网点无缝对接,共同形成更为高效、全面的配送运力,再结合物流信息平台的数据优势,提高用户评价。然后将配送情况重新反馈给物流信息平台,平台根据所反馈的信息对物流订单的数据进行处理。物流服务需求方结合市场需求和物流订单预测,反馈至县域农业物流企业开展商品配送,从而进入下一次系统循环。县域农业物流市场多企业协同配送函数方程如表 5-6 所示。

表 5-6 县域农业物流市场多企业协同配送函数方程

模型运行环境设定		
变量名称	单位	数值
FINAL TIME	Week	100(斜坡需求函数模拟周期)
		300(随机正态分布仿真模拟周期)
INITIAL TIME	Week	0
SAVEPER	Week	[0, ?]
TIME STEP	Week	[0, ?]

续表

变量名称	变量类型	变量函数
配送网点配送运力	Auxiliary	MAX（0，配送网点库存调整速率＋预计配送网点库存消耗速率＋县域农业物流企业库存调整速率）
在途库存	Level	INTEG（在途物流库存收货速率－配送网点库存接收速率，在途库存预测量）
在途物流库存收货速率	Rate	MIN（县域农业物流企业整合库存，市场需求速率）
在途库存预测量	Auxiliary	SMOOTH（预计配送网点库存消耗速率，平均商品交接缓冲期）
物流服务云平台信息处理效率	Level	INTEG（云平台订单信息整合速率－云平台信息反馈速率，云平台平均处理速率）
物流服务需求方信息反馈速率	Auxiliary	物流服务信息平台效率 × 物流服务需求方库存量
物流服务需求方库存量	Level	INTEG（物流服务需求方订单匹配速率－县域农业物流企业收货速率，市场需求速率）
物流服务需求方库存调整速率	Auxiliary	（物流服务需求方存需求预测－物流服务需求方库存量）/平均库存调整周期
物流服务需求方订单匹配速率	Rate	云平台信息反馈速率
市场需求速率	Auxiliary	模拟值输入
模拟值输入	Auxiliary	正弦波动函数：700+RAMP（10，10，30） 随机函数：700+RANDOM NORMAL（200，500，0，100，4）
云服务平台信息整合速率	Rate	预计物流订单增长率
物流服务需求方库存需求预测	Auxiliary	SMOOTH（配送网点配送运力，平均物流订单处理时间）
云平台信息反馈速率	Rate	IF THEN ELSE（MODULO（Time，物流订单订购周期）=0，预计物流订单数量，0）
配送完成比率	Auxiliary	配送网点发货率/市场需求速率
配送延迟时间	Auxiliary	1.5×（1+用户申诉率）

续表

变量函数方程设定

变量名称	变量类型	变量函数
配送网点库存发货率	Rate	MIN（市场需求速率，DELAY1（配送网点库存，配送延迟时间））
配送网点库存	Level	INTEG（配送网点收货率–配送网点发货率，预计配送网点库存）
配送网点库存调整速率	Auxiliary	（预计配送网点库存＋在途库存预测量–在途库存–配送网点库存）/平均库存调整周期
配送网点库存接收速率	Rate	MIN（在途库存，DELAY1（在途物流库存收货速率，平均商品交接缓冲期））
预计商品库存	Auxiliary	物流订单处理时间 × 配送网点配送运力
预计物流订单增长率	Auxiliary	MAX（0，（物流服务需求方库存调整速率＋配送网点配送运力）×（1–用户申诉率））
预计物流订单数量	Level	INTEG（物流订单数量调整速率–物流订单订购率，0）
预计配送网点库存	Auxiliary	预计配送网点库存消耗速率 × 配送网点平均库存维持期
预计配送网点配送效率	Rate	（市场需求速率–预计配送网点库存消耗速率）/配送网点库存平均消耗周期
预计配送网点库存消耗速率	Level	INTEG（预计配送网点配送效率，市场需求速率）
预计物流服务需求方库存	Auxiliary	预计配送网点配送量 × 物流服务需求方安全库存期
县域农业物流企业整合库存	Level	INTEG（县域农业物流企业收货速率–在途物流库存收货速率，预计县域农业物流企业库存）
预计县域农业物流企业库存	Auxiliary	县域农业物流企业平均库存维持期 × 预计配送网点库存消耗速率
县域农业物流企业库存调整速率	Auxiliary	（预计县域农业物流企业库存–县域农业物流企业整合库存）/平均库存调整周期
县域农业物流企业收货速率	Rate	ACTIVE INITIAL（MIN（物流服务需求方库存量，物流服务需求方订单匹配速率 × 平均物流订单处理时间），市场需求速率）
用户申诉率	Auxiliary	0.06 ×（1–物流服务信息平台效率）

续表

<table>
<tr><th colspan="3">变量函数方程设定</th></tr>
<tr><th>变量名称</th><th>变量类型</th><th>变量函数</th></tr>
<tr><td>用户评价</td><td>Level</td><td>INTEG（用户满意率，0.9）</td></tr>
<tr><td>用户满意率</td><td>Rate</td><td>1-用户申诉率</td></tr>
<tr><td>平均库存调整周期</td><td>Auxiliary</td><td>3×（1-云平台平均处理速率）</td></tr>
<tr><td>县域农业物流企业平均库存维持期</td><td>Auxiliary</td><td>3×（1-云平台平均处理速率）</td></tr>
<tr><td>平均商品交货缓冲期</td><td>Auxiliary</td><td>2×（1-云平台平均处理速率）</td></tr>
<tr><td>物流订单平均订购周期</td><td>Constant</td><td>0.5</td></tr>
<tr><td>配送网点平均库存维持期</td><td>Auxiliary</td><td>1.5×（1-云平台平均处理速率）</td></tr>
<tr><td>配送网点库存平均消耗周期</td><td>Auxiliary</td><td>1.5×（1-云平台平均处理速率）</td></tr>
<tr><td>预计库存消耗周期</td><td>Auxiliary</td><td>2×（1-云平台平均处理速率）</td></tr>
<tr><td>物流服务需求方安全库存期</td><td>Auxiliary</td><td>3×（1-云平台平均处理速率）</td></tr>
<tr><td>平均物流订单处理时间</td><td>Auxiliary</td><td>3×（1-云平台平均处理速率）</td></tr>
<tr><td>配送延迟时间</td><td>Auxiliary</td><td>1.5×（1+用户申诉率）</td></tr>
<tr><td>云平台平均处理速率</td><td>Constant</td><td>0.3</td></tr>
</table>

注：①将云平台平均处理速率设为0.3，原因在于大型物流企业在引入物流信息系统或平台之后，其平均处理速率均提高到50%左右，但是由于变量设为县域农业物流企业库存，这就包含中小型物流企业，而其在信息系统方面有所欠缺，拉低了全行业的平均处理速率，因而综合考虑后将云平台平均处理速率设为30%，即0.3。②物流订单平均订购周期保持为常数0.5。由于中小型物流企业订单信息分散，整合效率较低，主体变量的增多导致订单信息基数增大，且处于动态变化过程中，加之各主体信息化水平存在差异及信息平台建设周期的影响，实际周期的变化过程较为复杂。因此，该变量还是以龙头物流企业的订单订购周期为对标，保持原有周期不变，方便模型模拟对比。

5.2.4 系统模型效度测试

根据极端情况测试和行为再造测试两种方法对模型效度进行检验论证,可发现模型的运行及结构符合实际行为,可以有效反映系统在实际生活中的运行状况,为下一节对两种模型在不同情况下进行对比奠定基础。

(1)极端情况测试。极端情况测试是测试系统模型在输入极端数值的情况下,其模拟运行结果是否与实际运行结果具有一致性,用于检验模型的可行性。在市场需求为0,各主体企业没有库存及配送任务的情况下,两种模型的运行将出现停滞,系统停止运行,且引起主体变量变动的流率变量均为0,如图5-11所示。从图(a)和图(b)可以看出,在市场需求速率为0的情况下,

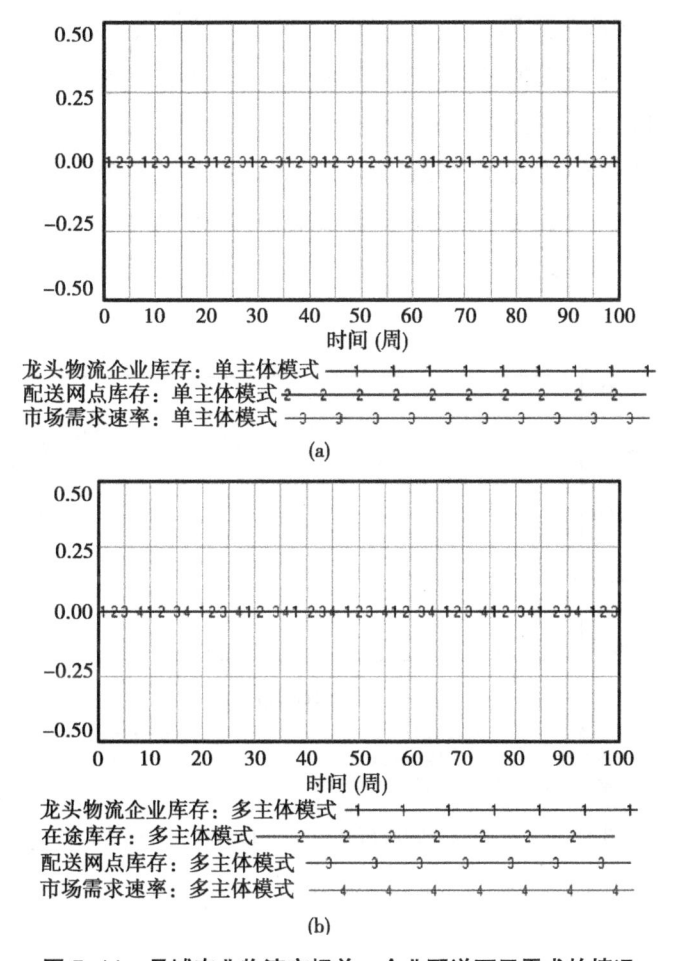

图5-11 县域农业物流市场单一企业配送下无需求的情况

两种模式中龙头物流企业库存和配送网点库存均为0,符合现实系统运行的逻辑。

（2）行为再造测试。行为再造测试是测试系统模型受到外界因素影响并对这种影响做出反应的结果是否符合系统运行的真实情况,一般是通过输入相关函数来分析验证模型的波动、波长及振幅。基于行为再造测试的方法,设计平均需求量为1000,利用STEP阶段函数特性,在模拟值输入中输入700+STEP（350,20）的函数方程组,其含义是在一般情况下,系统的配送量为700件商品,到20周的时候市场需求在原有的基础上增加350件。构建此函数的目的是在市场需求发生变化的情况下,将龙头物流企业库存、配送网点库存以及中小型物流企业库存的仿真模拟响应变化情况同现实情况进行对比。

县域农业物流市场单一企业配送行为再造测试结果显示,当需求量在20周突然增加到350件的情况下,龙头物流企业库存和配送网点库存都出现了明显下滑,并且在现实情况中,由龙头物流企业将商品发送至配送网点,在配送过程中存在一定的延迟时间,导致配送网点库存下降晚于龙头物流企业库存下降,且配送网点库存还受用户申诉率的影响,其波动幅度较大,反应剧烈。此外,在经过一段时间之后,两个主体的库存趋于稳定,符合行为再造测试的条件（见图5-12）。

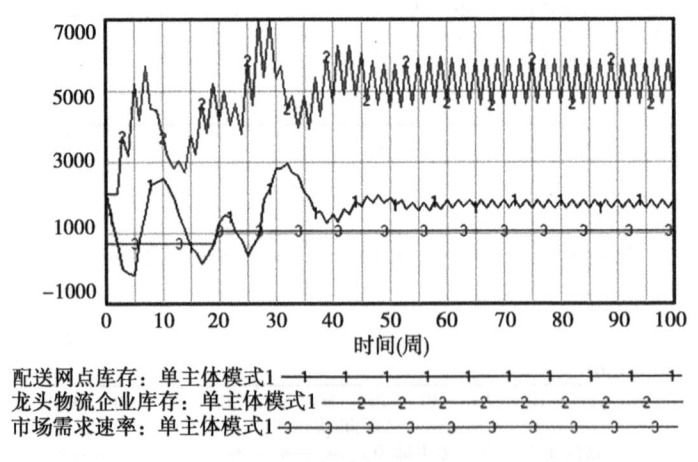

图5-12 县域农业物流市场单一企业配送行为再造测试

和县域农业物流市场单一企业配送相同,将函数方程代入多主体模式,县域农业物流企业库存、在途库存及配送网点库存都先后出现下降,并在回升后趋于平衡的状态,而配送网点库存受到用户申诉率的影响,波动幅度及方式同前两者不同,但是总体趋势相同,且越往上游的企业波动率越大,符合实际情况,行为再造测试结果也同样成立(见图5-13)。

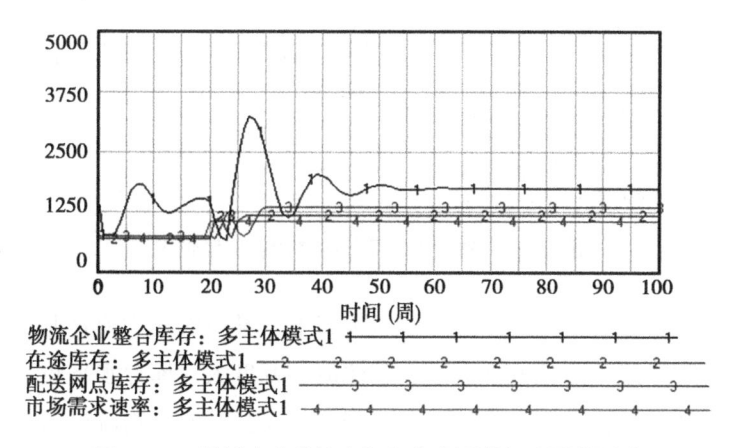

图 5-13　县域农业物流市场多企业配送行为再造测试

5.2.5　县域农业物流生态圈动态仿真模拟

为县域农业物流市场单一物流企业配送和多物流企业协同配送设置相同的情景,通过仿真模拟,分析两者在不同情况下对市场需求速率的反应能力及库存运行的动态变化,探讨现行县域农业物流的最佳模式。根据县域农业物流生态圈的性质和特点,分别为两种模型选择斜坡需求函数和随机正态分布函数。

(1)斜坡需求函数。需求斜坡函数是指在一定的周期内,一个以市场的斜坡需求为自变量,以物流企业及其配送网点的库存为因变量的函数。本书以县域农业物流需求斜坡函数为模型,模拟在"双11"或"双12"这类特定时间段订单数量突增的情况下县域农业物流企业及其配送网点的变化情况。其函数方程为 A+RAMP({slope}, {start}, {finish}),其中 A 代表市场的平均需求,slope 代表函数斜率,start 和 finish 分别代表起始时间和结束时间。因此,将 A 设为 700(百件/周),斜率设置为 10,设定模拟周期为 100 周,从第 10 周仿真至 30 周结束,结果如图 5-14 所示。

县域农业物流生态圈形成机理与协同策略研究

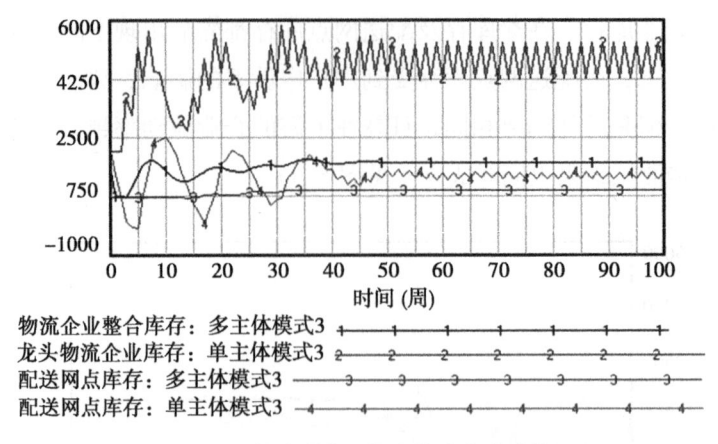

```
6000
4250
2500
 750
-1000
      0   10  20  30  40  50  60  70  80  90  100
                      时间(周)
物流企业整合库存：多主体模式3 ——1——1——1——1——1——1——1——
龙头物流企业库存：单主体模式3 —2——2——2——2——2——2——2——
配送网点库存：多主体模式3 ——3——3——3——3——3——3——3——
配送网点库存：单主体模式3 ——4——4——4——4——4——4——4——
```

图 5-14 斜坡需求函数主体库存变动情况

在县域农业物流市场单一企业配送模式下，县域农业物流企业及其配送网点的库存呈现非线性高低剧烈波动，整体波动幅度大，库存水平较高，且县域农业物流企业与其配送网点的波动并不同步。在县域农业物流市场多企业配送模式下，波动幅度较小，且县域农业物流企业与其配送网点的波动基本同步，整体库存周转率较高，抗风险能力较强，在面临短期冲击时可进行自我调整，保持系统的稳定运转。在第 10 周这个时点（斜坡函数的斜率为 10 的情况下），两种模式区别明显。

（2）随机正态分布函数。随机正态分布函数适用于周期较长、市场需求呈现不规则波动的场景，也是系统动力学中经常用来研究系统模型及其反馈系统的有关信息的测试函数。其函数方程为 A+RANDOM NORMAL（{min}，{max}，{mean}，{stdev}，{seed}），其中 A 代表平均需求，min 代表随机数下限，max 代表随机数上限，mean 代表波动平均值，stdev 代表标准差或者波动次数，seed 代表随机种子，也可称为初始值。因此，将 A 设为 700，将市场需求波动区间设为 200~500，mean 设为 0，stdev 设为 100，seed 设为 4，模拟周期设为 300，结果如图 5-15 所示。

与县域农业物流市场单一企业配送相比，多主体模式中县域农业物流企业整合库存和配送网点库存面对市场需求变化时的波动幅度明显降低，近乎贴近于市场需求信息，说明在该模式下，系统抗风险能力更强，信息得到有效的整合处理，需求信息放大程度减弱，系统运行高效有序。

5 县域农业物流生态圈的协同发展模式与实现路径分析

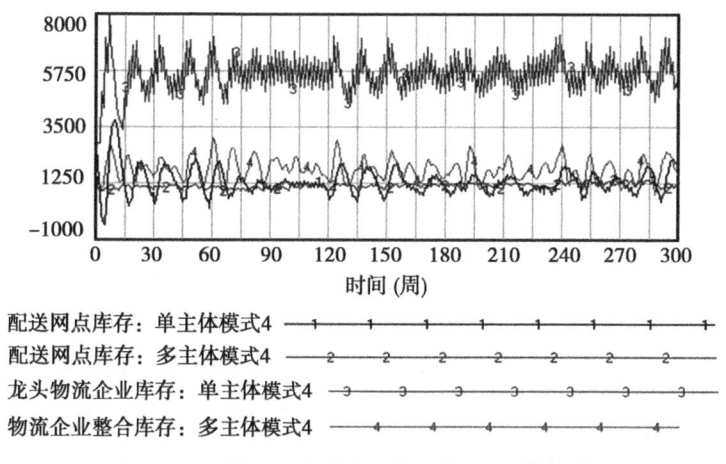

图 5-15 随机正态分布函数主体库存变动情况

通过斜坡需求函数和随机正态分布函数的对比可以看出，在县域农业物流市场上，多物流企业配送比单一物流企业配送更具优越性。多主体模式可以快速响应市场需求变化，通过专业化分工，对资源进行整合重构，使对订单数据的处理和对需求的有效预测都有了较大的提升，极大地减少了企业配送时间，促进了库存的高效运转，从而实现整个配送网络的动态化、柔性化，并逐步演化为适应性强、可塑性高的系统结构。同时，系统的开放程度也得到提升，可不断吸纳新的成员加入，通过跨界融合，不断进行县域农业物流市场多企业协同配送的建设和完善，从而推动整个物流行业的良性发展。

5.3 协同发展的实现路径

本书探讨了县域农业物流跨越式发展的跃迁规律、主体协同关系相变原理、协同创新动力机制，分析了关键影响因素，论证了协同管理模式是县域农业物流跨越式发展的新模式，以期理顺市场主体关系，明确发展方向和方式，激发协同创新动能，实现县域农业物流跨越式发展。因此，有必要对县域农业物流协同发展模式的实现路径进行研究。

5.3.1 政府治理路径

加快推动县域农业物流生态圈建设，推进"互联网＋流通"行动计划，提升县域农业物流生态圈发展总体效率，需要加强政府引导治理，通过传统物流与新兴技术的结合，推动县域农业物流转型升级、物流服务提质增效。政府治理可以从以下方面展开。

（1）强化制度创新，优化协同发展政策法规环境。政府深化"放管服"改革，充分发挥互联网技术优势，实行县域农业物流生态圈相关业务网上办理，简化办理手续，压缩办理时限，加强事中事后监管。积极引导传统型物流企业不断创新业务模块，推出更多以用户为导向的服务产品和增值服务。创新公共服务设施管理方式，明确智能快件箱、快递末端综合服务场所的公共属性，为专业化、公共化、平台化、集约化的快递末端网点提供用地保障。在确保消费者个人信息安全的前提下，引导物流企业与互联网企业之间开展数据交换共享，共同提升配送效率。引导物流企业、互联网企业等平台型企业健全平台服务协议、交易规则和信用评价制度，切实维护公平竞争秩序，保护消费者权益，赋能上下游中小微企业，实现行业间、企业间的开放合作、互利共赢。

（2）强化规划引领，完善县域农业物流生态圈物流基础设施。加强县域农业物流生态圈规划协同引领，科学引导县域农业物流基础设施建设，构建适应县域农业物流生态圈发展的物流服务体系。加强农村地区物流基础设施网络建设，推进物流服务网络向农村地区拓展延伸，提升农村地区物流服务水平，引导物流企业广泛与农村邮政局（所）、村邮站、"三农"服务站、客（货）运站及超市便利店等农村市场服务主体开展物流业务合作。深入推进"邮政在乡"工程，巩固建制村直接通邮成果，进一步规范和提高通邮质量，有条件的地区要不断增加村邮站数量。

（3）强化服务创新，提升县域农业物流末端服务能力。政府鼓励物流企业或第三方服务机构在乡村人员密集区域集中设置智能快件箱，探索对传统信报箱进行升级改造，或对传统信报箱和智能快递箱进行整合，推动邮政普遍服务智能化发展。提高县域农业物流服务供给效率，推动县域农业物流基础设施共建共享。推动邮政、各物流企业、互联网企业、电子商务企业等开展合作，共享服务平台，降低县域农业物流成本，提高使用效率。鼓励物流企业间整合闲散运输设备、技术装备等资源，保障县域农业物流服务高效有序进行。推动物流企业在乡村创新收派模式，鼓励物流企业、电子商务企业与连锁商业机构、便利店、物业服务企业开展合作，搭载物流服务，推广网订店取等多样化、个性化服务。

（4）提升标准化、智能化水平，提高协同运行效率。政府提高科技应用水平，扩大互联网、大数据、云计算、人工智能等现代信息技术及装备在县域农业物流中的应用。优化服务网络，大力推进库存前置、智能分仓、科学配载、线路优化，整合各类物流信息资源，推动服务变革，提升服务效率，努力实现信息协同化、服务智能化。开展县域农业物流信息化示范工程，鼓励现有仓储和转运设施的信息化改造，推广深度感知智能仓储系统建设，提升仓储运管水平和作业效率。鼓励信息互联互通，引导物流企业与互联网企业深化合作，统一数据接口标准，推动实现系统对接和信息交换，促进物流服务与网购业务融合衔接。加强县域农业物流信息综合服务平台建设，优化资源配置，实现供需信息实时共享和智能匹配。推动供应链协同，鼓励仓储、快递、第三方技术服务企业发展乡村智能仓储，延伸服务链条，优化供应链管理。鼓励物流企业与互联网企业通过"互联网+"拓展协同发展空间，不断创新经营理念和服务模式，共同发展乡村体验经济、乡村逆向物流等新业态。

5.3.2 市场竞争路径

农村市场已成为未来"新蓝海"，县域农业物流市场体系是县域农业物流产品市场、乡村服务市场和各要素市场在相互联系与作用中形成的有机整体，具有统一性、开放性、竞争性、有序性等特征。

（1）推进县域农业物流O2O线上线下协同。开展县域农业物流生态圈活动应注重O2O线上线下协同，O2O线上线下协同有利于市场要素资源得到更好的配置，促进县域农业物流生态圈服务内容离农户更近、交易机制更加透明、服务评价更加便捷与公正。

在市场主导的O2O线上线下协同中，参与县域农业物流生态圈业务的农资服务商、农业增值服务机构、互联网技术企业自身拥有独特的资源，应该结合自身行业背景，将各自的资源信息集中到县域农业物流生态圈云服务平台上，利用大数据搜集、积累与分析信息，选择合适的切入点，进入关键业务领域，并设计差异化的扩张策略，延伸县域农业物流生态圈服务内容，充分挖掘门店价值，明确县域农业物流生态圈服务具体的应用场景，拓展用户规模，形成具有稳定消费能力的农户客户群。

（2）开放合作，构建立体服务渠道。加强县域农业物流生态圈建设，需要在县域农业物流市场领域探索建立负面清单，完善市场准入和退出机制，保障企业能够自主经营、公平竞争，消费者能够自由选择县域农业物流服务产品、自主消费，商品和要素能够自由流动、平等交换。培育县域农业物流生态圈主体，构建一个良性循环发展的市场环境。着力清除市场壁垒，提高资源配置效率和公平性，使市场在资源配置中起决定性作用。规划建设多层次的县域农业物流生态圈市场门类，打造区域性县域农业物流生态圈集散中心或综合性、专项性、区域性县域农业物流生态圈产品和服务交易平台。扩大县域农业物流生态圈消费，繁荣县域农业物流生态圈市场。创新县域农业物流生态圈金融产品和服务，鼓励金融资本、社会资本与县域农业物流生态圈资源对接，支持符合条件的县域农业物流生态圈企业上市或挂牌交易。

5.3.3　资源整合路径

由于乡村星散分布，导致县域农业物流发展存在分布不合理、功能不完善等问题。县域农业物流基础设施点相对较少，特别是到乡、村这个行政级别，信息技术、网络技术等相关功能比较薄弱，更容易导致县域农业物流服务不到位、管理水平低，制约农村地区的发展。因此，应加强物流基础设施网络整合与物流组织网络整合。

（1）加强县域农业物流基础设施网络整合。县域农业物流基础设施网络整合主要从县域农业物流节点整合与物流线路整合两方面展开。基于国家行政层次"县—乡镇—村"的划分，可以将县级区域作为县域农业物流的第一层次节点，乡镇作为第二层次节点，各乡村作为第三层次节点，这三个层次构成县域农业物流生态圈发展的三层级立体空间架构。在这三个层级中，特别是乡镇和村层级中，不仅要注重县域生产资料和农产品的物流节点分布，而且要注重县域生活资料的物流节点分布。在进行物流线路整合时，应注重已有的通信网络及铁路、公路等交通运输网络的资源整合，加强与已有的城市物流网络的合作交流，形成水路、铁路、公路等海陆空立体交通运输网络。在这些交通运输网络中，深入乡村的主要运输方式是公路，因此在进行节点建设时，要注重农村公路建设，提高公路在县域农业物流基础设施网络整合中的地位，保障县域农业物流生态圈的基础功能能够实现。

（2）构建县域农业物流生态圈云服务平台。县域农业物流生态圈云服务平台是开展县域农业物流云服务的核心和基础。相关主体应围绕县域农业物流生态圈云服务平台相互支持、相互合作，共同维护县域农业物流生态圈云服务平台的正常运转（见图5-16）。

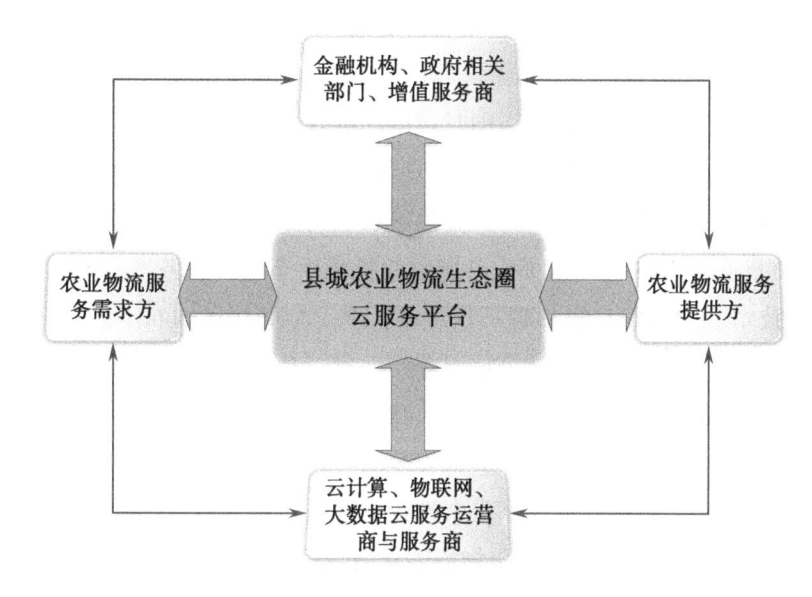

图 5-16　县域农业物流生态圈云服务平台

发展县域农业物流生态圈云服务，应以云计算、物联网、大数据等信息技术为处理手段，以云平台为基础，从自组织的角度出发，促进县域农业物流生态圈各主体的沟通与协调，形成一个"无缝化"的物流服务网络，为县域农业物流提供高效、质优、价廉、灵活的协同化物流服务，实现敏捷化协同、网络化协同与智能化协同。

敏捷化协同是指借助云服务平台，实现相关企业间的优势互补、相互合作，实现农产品配送无缝化对接，迅速响应用户的物流需求，缩短物流周期，实现多方利益共享共赢。网络化协同是指为满足县域农业物流服务需求，在信息、资源共享的基础上，发挥平台的优势，整合优势资源，为需求方提供多选择方案，打破传统单一的供应链配送模式，通过协同运作的方式将产品安全便捷地送往目的地。智能化协同是指在县域农业物流生态圈云服务平台上，借助移动定位技术、移动通信技术、RFID 技术、GIS 技术、传感器等物联网技术，实时将县域农业物流最新数据反馈回云平台，物流服务供需双方等主体都可以通过云平台即时了解农产品物流最新动态，当发现县域农业物流运作过程中存在问题时，可通过云平台的数字化"智能"操作及时调整，实现以最优化、智能化的方式配送相关产品。

县域农业物流生态圈云服务平台还具备以下优势。第一，优化县域农业物流资源，降低县域农业物流成本。在县域农业物流生态圈云服务平台上，聚集着大量不同区域、不同形式、即时可用的县域农业物流资源信息，县域农业物流服务需求方可按自身需求选择平台所提供的或个性化定制的最优物流服务方案，简化县域农业物流环节，提高县域农业物流资源的利用率。第二，提高农产品质量安全追溯管理水平。县域农业物流生态圈云服务平台借助物联网、RFID 等技术，通过信息采集端不仅可以获取、存储所运输农产品的产地、种植养殖收成时间、具体检验检疫情况等"海量"基本质量安全信息，而且可以实时跟踪农产品由哪家物流企业配送、具体的物流配送路径与途经区域，监测途中是否有可能出现影响农产品质量安全的行为等，从信息源头确保农产品的质量安全。第三，按需订购，满足个性化县域农业物流需求。在县域农业物流生态圈云服务平台上，县域农业物流需求方既可以主动查找、自行定制物流服务，也可以通过被动推送的物流信息来获取所需要的物流服务，还可以选择云平台上提供的自动动态组合的物流服务，将农产品以速度最快而成本最低的方式运抵目的地，同时通过云平台支付相应的费用。第四，获取实时动态的县域农业物流信息。县域农业物流生态圈云服务平台可实时呈现互联网、物联网、传感网等传递的动态信息，并根据相关信息及时调整可供选择的县域农业物流方案，整合县域农业物流资源，实现县域农业物流资源的最大化利用。

应构建县域农业物流云服务协同管理平台系统，将云服务定价机制的相关标准、制度和法规等"云化"，并把协同定价机制虚拟化成云平台结构，建立一个前置的、开放的县域农业物流云服务协同管理平台系统界面，为县域农业物流云服务供求双方提供方便，同时解决县域农业物流云服务协同管理系统的入口、平台和出口问题，推动县域农业物流云服务协同管理机制日臻完善。

应促进县域农业物流云服务产业化发展。从信息链、供应链和价值链的角度，制定和完善县域农业物流云服务的战略目标和匹配策略，动态调整县域农业物流云服务体系和操作平台系统，从而形成可复制、可推广的应用模式，促进县域农业物流云服务产业化发展。

5.3.4 动力培育路径

数字经济具备三种力量：数字化、去中介化、分散化。即通过数据的生产要素作用驱动物流业高质量发展；通过实时匹配平台实现业务层面的去中介化，解决行业信息不对称等问题；通过众包交付等分散化的新型商业模式，实现物流与供应链的灵活性。对数字化技术和数字化平台与日俱增的应用，将不可避免地震撼整个物流业，而低效率的传统物流业的参与者将被高效率的数字化参与者取代。

（1）信息匹配，众包平台。物流业是资本密集型、技术密集型、人力密集型的行业。传统县域农业物流企业一般会将部分盈利或所融资金投入到场地建设、运输车辆等硬件建设中，更好地实现实时货源匹配与配送，通过更好的物流服务实现盈利。而数字化物流解决方案提供商则以物流数据为主导生产要素，应用物流云平台实现去中介化而获益，如通过物流众包平台聚集更多的送货司机，弥补装载容量等硬实力不足的弱点，实现物流配送智能化，通过流量变现盈利。

（2）数字化算法实时匹配司机需求和供应。针对没有足够的人力资源来满足客户需求等软实力问题，应通过数字化进行解决。如菜鸟物流作为数字化物流联盟，其大数据平台每天处理万亿级信息量，调动300多万名配送员，为全国主要地级市和县域配送中心提供物流需求预测分析和系统的预警信息。又如运满满（Ymm56）、达达、闪送和蜂鸟配送等众包配送平台通过免费的"找货源、避空载"移动应用程序，把分散的货源像"拼车"一样快速聚拢，并通过算法实时匹配司机需求，大幅提高零担物流的负载效率。

5.4 本章小结

本章主要论述了县域农业物流生态圈协同发展模式及衍生模式，在比较单一物流企业配送模式和多物流企业协同配送模式后发现，协同发展模式是适合县域农业物流生态圈的高效配送模式。

第一，县域农业物流生态圈的协同发展模式及衍生模式。构建县域农业物流生态圈协同发展的一般模式及衍生模式，从要求、条件、时机、要素等层面，探讨不同发展阶段的普适性问题和因地区发展差异产生的特殊性难题。

第二，县域农业物流生态圈协同配送比较分析。在县域农业物流市场上，多物流企业配送比单一物流企业配送更具优越性。多主体模式可以快速响应市场需求变化，通过专业化分工，对资源进行整合重构，使对订单数据的处理和对需求的有效预测都有了较大的提升，极大地减少了企业配送时间，促进了库存的高效运转，从而实现整个配送网络的动态化、柔性化，并逐步演化为适应性强、可塑性高的系统结构。

第三，县域农业物流生态圈协同发展的实现路径。应用决策矩阵分析法，遵循自组织发展规律，按照"机理→路径→模式→策略"的思路，从政府治理、市场竞争、资源整合、动力培育等层面，提出不同发展阶段协同化、数字化、智能化的实现路径，为乡村发展数字物流提供新思路、新方法、新方案。

6 结论、策略建议与展望

本书从时间和空间两个维度分析县域农业物流生态圈的协同演化、主要影响因素、评价指标体系和协同演化方式、路径、模式，以期为县域农业物流发展提供参考借鉴。

6.1 主要结论及策略建议

县域农业物流生态圈是数字经济驱动下县域农业物流高级有序的自组织形态，是在系统序参量的作用下协同演化的结果。在这个自组织系统中，政府部门、物流服务商、农资服务商、金融机构、数字技术服务商等主体"一体化"，形成共生关系；信息流、资金流和商流等功能流协同"云化"成"功能云"，与物流虚实结合；信息链、供应链、资金链、价值链和技术链等网链结构协同"简化"，形成网链圈层结构；乡村大市场和当地的法制环境是县域农业物流生态圈主要的外部环境。

6.1.1 主要结论

数字经济是县域经济高质量发展的重要支撑，数字经济与实体经济融合为县域农业物流跨越式发展提供了契机。随着数字经济与实体经济融合的不断深化，具有以人为本内涵的协同创新成为产数融合的主流创新范式和动力。

（1）打造县域农业物流生态圈是乡村振兴的战略方向和数字中国建设的重要内容。随着数字经济的新业态、新模式在我国乡村蓬勃兴起，县域农业物流的"短板"效应凸显，成为亟待解决的"三农"问题之一。构建能切实满足乡村市场需求的高效率、低成本、规模化、标准化、信息化、规范化的县域农业物流体系，有助于数字中国建设和乡村全面振兴，有助于弥合城乡"数字鸿沟"与"坚持城乡融合"，有助于数字乡村"补短板"和"强基础"。

（2）县域农业物流生态圈是一个自组织的过程和行为。县域农业物流生态圈是一种自组织，除具备自组织的开放性、竞协性、层次性、非线性、随机性等一般特征外，也具备作为一个社会经济范畴的开放式系统应有的自觉性、能动性、适应性和选择性等特性。

（3）县域农业物流生态圈具有时间性和空间性特征。从时间维度分析，县域农业物流生态圈的发展必然要经过"形成→成长→成熟→衰退"的过程；从空间维度分析，县域农业物流生态圈在组织上经过"独立组织→他组织→自组织→高级自组织"的过程。无论是时间维度还是空间维度，都会经历"协调→协作→协同"的跃迁过程。

（4）协同创新是县域农业物流生态圈的动力源。数字经济只是县域农业物流生态圈的外部驱动力，而技术创新及应用、资源跨界整合、制度机制创新和商业模式创新等所构成的多层次协同创新动力体系才是县域农业物流生态圈的原动力。去中介化、分散化和非物质化这三种数字化推动力是县域农业物流生态圈的直接动力。其中，实时匹配平台实现去中介化，可解决行业分散问题；众包交付等分散化作用可以实现灵活性；由3D打印、电子工作和无纸化解决方案驱动的非物质化则可以减少商品流量。

（5）县域农业物流生态圈发展过程也是数字技术创新及应用过程。目前，各界高度重视高壁垒技术创新及应用，特别是数字技术的三种形态：数字化技术创新成果、专利和标准。县域农业物流生态圈协调跃迁、协作跃迁、协同跃迁三个阶段的要素层关键指标分别是数字技术的兼容性、市场发展的有序度、公共服务和管理水平。

6.1.2 策略建议

县域农业物流的基础设施越薄弱、市场资源越分散、管理技术水平越落后，越需要利用数据的互联共享功能解决信息不对称难题，越需要通过数据的精准匹配功能聚合分散的市场资源要素，越需要进行数字化转型，推进其高质量发展。

（1）建设数字政府。第一，强化服务创新，提升县域农业物流末端服务能力。政府鼓励物流企业或第三方服务机构在乡村人员密集区域集中设置智能快件箱，探索对传统信报箱进行升级改造，或对传统信报箱和智能快递箱进行整合，推动邮政普遍服务智能化发展。提高县域农业物流服务供给效率，推动县域农业物流基础设施共建共享。推动邮政、各物流企业、互联网企业、电子商务企业等开展合作，共享服务平台，降低县域农业物流成本，提高使用效率。鼓励物流企业间整合闲散运输设备、技术装备等资源，保障县域农业物流服务高效有序进行。推动物流企业在乡村创新收派模式，鼓励物流企业、电子商务企业与连锁商业机构、便利店、物业服务企业开展合作，搭载物流服务，推广网订店取等多样化、个性化服务。

第二，提升标准化、智能化水平，提高协同运行效率。政府提高科技应用水平，扩大互联网、大数据、云计算、人工智能等现代信息技术及装备在县域农业物流中的应用。优化服务网络，大力推进库存前置、智能分仓、科学配载、线路优化，整合各类物流信息资源，推动服务变革，提升服务效率，努力实现信息协同化、服务智能化。开展县域农业物流信息化示范工程，鼓励现有仓储和转运设施的信息化改造，推广深度感知智能仓储系统建设，提升仓储运管水平和作业效率。鼓励信息互联互通，引导物流企业与互联网企业深化合作，统一数据接口标准，推动实现系统对接和信息交换，促进物流服务与网购业务融合衔接。加强县域农业物流信息综合服务平台建设，优化资源配置，实现供需信息实时共享和智能匹配。推动供应链协同，鼓励仓储、快递、第三方技术服务企业发展乡村智能仓储，延伸服务链条，优化供应链管理。鼓励物流企业与互联网企业通过"互联网+"拓展协同发展空间，不断创新经营理念和服务模式，共同发展乡村体验经济、乡村逆向物流等新业态。

（2）培育数字化协同大市场：去中间化和平台化。在O2O线上线下协同模式下，农户能够获取更丰富、更全面的县域农业物流生态圈服务信息，更加便捷地向县域农业物流生态圈服务提供商或政府相关部门在线咨询并进行预购，获得相比线下直接消费较为便宜的价格。农资服务商、农业增值服务机构能够获得更多的宣传和展示机会，吸引更多新用户，实现推广效果可查、每笔交易可跟踪，掌握用户数据，大大提升对老用户的维护与营销效果。另外，通过在线有效预订等方式，可以合理安排经营，节约成本，有助于拉动新品、新店的消费，并降低线下实体经营对黄金地段旺铺的依赖，大大减少租金支出。对于互联网企业而言，其通过O2O能吸引大量高黏性用户，产生强大的推广作用及可衡量的推广效果，吸引大量线下生活服务商家加入，形成数倍于

C2C、B2C 的现金流，构成巨大的广告收入空间，形成更多的盈利模式。

（3）县域农业物流生态圈资源整合。通常情况下，在县域农业物流网络建设中，需要注重县域农业物流任务的分解、县域农业物流相关技术的应用以及县域农业物流资源的协调等。需要注重相关组织对县域农业物流资源的控制，这类县域农业物流组织包括中国邮政、其他开展县域农业物流业务的企业、农业龙头企业、参与县域农业物流建设的互联网企业等。这些物流组织在开展县域农业物流业务时，对运输环节与仓储环节都有不同的需求，但都注重县域农业物流链接质量以及稳定性。县域农业物流组织需要加强与农户等消费者之间的需求供给链接，基于物流节点形成自适应系统。

县域农业物流生态圈云服务平台是一个集县域农业物流资源发布与交易于一体的信息化平台，相关主体通过云平台可以实现物流服务的交易与管理。县域农业物流生态圈云服务平台的主要服务对象是县域农业物流服务的供需双方。县域农业物流生态圈云服务平台主体间存在松散耦合关系，需要云平台提供更多的集成服务，实现多粒度、多尺度的协调与控制。因此，县域农业物流生态圈云服务平台的业务功能包括：一是评估县域农业物流服务提供方的资质，审核其在云平台上发布的物流服务信息；二是在云平台上为县域农业物流服务需求方提供按需物流信息检索、交易和信用互评等服务，包括个性化定制、优化配送路线、实时跟踪订单、结算、转账和信用评级等业务；三是提供相关增值服务，如政府部门提供政策咨询和电子签章服务，气象局提供各地天气、污染指数实时情况等。

6.2 研究展望

本书研究主要定位于县域农业物流生态圈，从时间和空间两个维度分析其协同演化过程，并分析其协同发展模式、路径和策略。但由于人力、物力、财力等各方面的限制，仍存在很多不足之处，需要进一步深化研究。

6.2.1 研究的局限

（1）理论研究偏多，实际应用价值有限。虽然本书构建了协同演化空间动力学测度模型，但是由于相关实证数据很难获取，直接影响到本研究的实

6 结论、策略建议与展望

际应用价值。因此，研究结果主要是理论性和方向性的结论，实际应用价值有限。

（2）对于县域农业物流生态圈发展阶段和主体关系的划分可能不够合理。本书认为，县域农业物流生态圈作为自组织，其数字化是一个"四阶段，三相变"的过程，主体关系也是一个"协调→协作→协同"的演化过程。但所有的结论大都是理论推导，并没有相关案例或翔实数据的支撑。因此，划分县域农业物流生态圈发展阶段和主体关系的根据不够充分，有不少不合理之处。

（3）序参量的选取可能不够科学。本书通过粗糙集约简算法选取 X_1 技术创新应用程度、X_2 资源协同整合能力作为系统（县域农业物流生态圈）自组织协同演化的序参量，这是一种离散型的方法，其准确性有待进一步验证。

（4）案例分析比较少。由于时间和精力的关系，本书并未对国内物流行业头部且从事县域农业物流活动的物流企业进行案例研究，也没有过多地考虑到企业发展、地域分布、服务类型等多方面的差异，今后应选择更多更具特色的代表性企业进行深入细致的研究。

（5）协同发展动力机制适用性不强。本书主要对县域农业物流生态圈自组织协同演化过程、主体协同关系、协同发展动力机制等方面进行研究，但对协调机制、评价机制、预测机制等方面的研究还不深入，这有待后续研究进一步加强。

总之，本书通过对现有理论和实践进行分析，论证了县域农业物流生态圈协同发展模式和路径，但该研究才刚刚开始，未来的路还很长。本书研究虽然有以上的不足，但为后续研究提供了理论探讨的基础和依据。

6.2.2 未来的研究方向

（1）数字时代向量子时代发展的过程中，数字技术的三种形态是重要的变量。无论是从理论演化过程，还是从现实案例看，数字技术的三种形态（数字化技术创新成果、专利和标准）之间都存在着相互影响、相互制约的关系，直接关系到县域农业物流生态圈的发展。在研究乡村数字化问题时，数字技术的三种形态是重要的变量。

（2）高质量发展影响因素。可应用波特钻石模型，以要素、需求、产业、企业、政府和机会为主要模块,通过量表开发、问卷调查、数据收集、模糊灰色关联建模分析等步骤,筛选出县域农业物流业高质量发展的关键影响因素。

(3)县域农业物流生态圈的核心问题。研究县域农业物流生态圈"协调→协作→协同"的演化进程中将会遇到哪些关键性的技术、市场、管理、政策、法律等问题。

附录1

县域农业物流生态圈形成影响因素专家认可度咨询表

尊敬的_____：

您好！感谢您百忙之中参与问卷调查。

我们是福建省社会科学基金项目"福建省县域农业物流生态圈形成机理与协同策略研究"课题组成员。县域农业物流数字化建设必须在科学合理的制度安排下，借助现代科学技术特别是计算机网络技术的力量，以实现县域农业物流的规模化、集约化和协同化为主要目标，将政府、物流服务商的资源与社会分散的物流资源（包括农户自身的物流资源）进行整合，从而有效提高县域农业物流资源的利用率，实现县域农业物流生态圈的协同效应。本课题以县域农业物流生态圈形成过程为研究对象，对其影响因素进行甄别和解析，旨在为我国县域农业物流的发展路径选择提供事实与理论依据。

本调研仅供学术探讨，采用匿名方式，我们对您所填的信息绝对保密。烦请您百忙之中抽出时间协助回答问卷，您的答案和意见对我们的研究帮助非常大。您如果对研究结果感兴趣，我们会将研究成果提供给您参考。

真诚渴望得到您的热情帮助！

说明

1. 本问卷共分为三大部分：第一部分为填写说明；第二部分为具体的调研内容；第三部分为基本信息。
2. 请您客观打分，且不要漏选某些选项，部分题目需要您手写录入内容。

第一部分　填写说明

每个影响因素后面都有三个选择项，即认可、不确定、不认可。如果您认可该影响因素，请在该影响因素的认可选项打√；如果您不认可该影响因素，请在该影响因素的不认可选项打√；如果您不确定，请在该影响因素的不确定选项打√。

第二部分　评价分析表

目标层	准则层	影响因素层	专家认可度选项
县域农业物流生态圈形成影响因素	技术因素层面	技术先进性	认可（　）不确定（　）不认可（　）
		技术兼容性	认可（　）不确定（　）不认可（　）
		技术感知易用性	认可（　）不确定（　）不认可（　）
		技术安全性、可靠性	认可（　）不确定（　）不认可（　）
		技术风险防控程度	认可（　）不确定（　）不认可（　）
	市场因素层面	物流市场份额（含潜在）	认可（　）不确定（　）不认可（　）
		物流市场发展有序度	认可（　）不确定（　）不认可（　）
		生态圈组织共同愿景	认可（　）不确定（　）不认可（　）
		生态圈组织利益协调性	认可（　）不确定（　）不认可（　）
		生态圈组织间关系稳定性	认可（　）不确定（　）不认可（　）
	政府因素层面	法制体系和法治环境	认可（　）不确定（　）不认可（　）
		战略导向能力	认可（　）不确定（　）不认可（　）
		公共服务和管理水平	认可（　）不确定（　）不认可（　）
		政策、资金支持力度	认可（　）不确定（　）不认可（　）
	企业因素层面	企业现代化管理水平	认可（　）不确定（　）不认可（　）
		企业战略	认可（　）不确定（　）不认可（　）
		资源整合能力	认可（　）不确定（　）不认可（　）
		资源就绪度	认可（　）不确定（　）不认可（　）
		人才管理水平	认可（　）不确定（　）不认可（　）

第三部分　基本信息

1. 您在哪里工作？政府部门□　高校□　社会中介□　企业□
2. 您在单位从事哪方面的工作？＿＿＿＿＿＿＿
3. 您参与过县域经济相关管理工作吗？是□　否□
4. 您参与过农业物流相关工作吗？是□　否□
5. 您参与过县域农业物流相关工作吗？是□　否□
6. 请问在做题过程中，您是否有需要补充的内容？
　
　

再次真诚地感谢您的作答！

您如果想要最终的研究结果，请留下您的邮箱，在成果最终完成后，我们会把相关的数据发送给您！您的邮箱是＿＿＿＿＿＿＿

附录 2

县域农业物流生态圈形成影响因素评价指标咨询表

尊敬的＿＿＿＿＿＿＿：

您好！首先感谢您百忙之中参与问卷调查。

我们是福建省社会科学基金项目"福建省县域农业物流生态圈形成机理与协同策略研究"课题组成员。县域农业物流生态圈构建及发展必须在科学合理的制度安排下，借助现代科学技术特别是计算机网络技术的力量，以实现县域农业物流的规模化、集约化和协同化为主要目标，将政府、物流服务商的资源与社会分散的物流资源（包括农户自身的物流资源）进行整合，从而有效提高县域农业物流资源的利用率，实现县域农业物流生态圈的协同效应。本课题以县域农业物流生态圈形成过程为研究对象，通过对其协调跃迁、协作跃迁、协同跃迁三个阶段的影响因素进行甄别和解析，旨在为我国县域农业物流的发展路径选择提供事实与理论依据。

本调研仅供学术探讨，采用匿名方式，我们对您所填的信息绝对保密。烦请您百忙之中抽出时间协助回答问卷，您的答案和意见对我们的研究帮助非常大。您如果对研究结果感兴趣，我们会将研究成果提供给您参考。

真诚渴望得到您的热情帮助！

说明

1. 本问卷共分为三大部分：第一部分为填写说明；第二部分为具体的调研内容；第三部分为基本信息。

2. 本研究采用层次分析法，请您客观打分，且不要漏选某些选项，部分题目需要您手写录入内容。

3. 县域农业物流生态圈协调跃迁阶段的特点：县域农业物流市场规模小，功能单一，但市场需求量大，竞争压力大，技术落后且不成熟，利润空间大，要形成生态圈，还需要政府、企业加大资源投入，抢占市场，加强融资力度。

县域农业物流生态圈协作跃迁阶段的特点：县域农业物流市场进入成长阶段，市场规模逐渐增大，价格竞争开始，利润空间缩小，农业物流技术与设备逐步发展成熟，企业在技术、物流设备和人才等资源方面的投入逐步加大，企业开始上市融资。

县域农业物流生态圈协同跃迁阶段的特点：县域农业物流市场进入成熟阶段，市场规模逐渐增大并达到最大，企业边际利润进一步递减，物流巨头与规模较小的企业共同抢占市场份额，企业资源投入稳定，需要通过多种形式的融资进一步扩大市场。

第一部分　填写说明

层次分析法打分规则：对同一层次两个不同变量之间的重要程度用1—9打分。

标度	相对比较（就某一准则而言）
1	同等重要
3	稍微重要
5	明显重要
7	重要得多
9	绝对重要
2、4、6、8	作为上述相邻判断的插值
上列各数的倒数	另一因素对原因素的反比

例：A1技术（纵向因素）与A2市场（横向因素）相比，同等重要，则打分为1；若绝对重要，则打分为9。反之，A2市场与A1技术相比绝对重要，则打分为1/9。

第二部分　评价分析表

第一阶段　协调跃迁阶段

表1-1　县域农业物流生态圈形成协调跃迁阶段准则层因素影响程度评分表

	A1 技术	A2 市场	A3 政府	A4 企业
A1 技术	××			
A2 市场	××	××		
A3 政府	××	××	××	
A4 企业	××	××	××	××

表1-2　技术要素层对准则层的影响程度评分表

	B1 技术先进性	B2 技术兼容性	B3 技术感知易用性	B4 技术风险防控程度
B1 技术先进性	××			
B2 技术兼容性	××	××		
B3 技术感知易用性	××	××	××	
B4 技术风险防控程度	××	××	××	××

表1-3　市场要素层对准则层的影响程度评分表

	B5 物流市场份额（含潜在）	B6 物流市场发展有序度	B7 客户满意程度	B8 生态圈组织共同愿景	B9 生态圈组织利益协调性	B10 生态圈组织间关系稳定性
B5 物流市场份额（含潜在）	××					
B6 物流市场发展有序度	××	××				
B7 客户满意程度	××	××	××			
B8 生态圈组织共同愿景	××	××	××	××		
B9 生态圈组织利益协调性	××	××	××	××	××	
B10 生态圈组织间关系稳定性	××	××	××	××	××	××

表 1-4 政府要素层对准则层的影响程度评分表

	B11 法制体系和法治环境	B12 战略导向能力	B13 公共服务和管理水平	B14 政策、资金支持力度
B11 法制体系和法治环境	××			
B12 战略导向能力	××	××		
B13 公共服务和管理水平	××	××	××	
B14 政策、资金支持力度	××	××	××	××

表 1-5 企业要素层对准则层的影响程度评分表

	B15 企业现代化管理水平	B16 资源整合能力	B17 资源就绪度	B18 人才管理水平
B15 企业现代化管理水平	××			
B16 资源整合能力	××	××		
B17 资源就绪度	××	××	××	
B18 人才管理水平	××	××	××	××

第二阶段 协作跃迁阶段

表 2-1 县域农业物流生态圈形成协作跃迁阶段准则层因素影响程度评分表

	C1 技术	C2 市场	C3 政府	C4 企业
C1 技术	××			
C2 市场	××	××		
C3 政府	××	××	××	
C4 企业	××	××	××	××

表 2-2 技术要素层对准则层的影响程度评分表

	D1 技术先进性	D2 技术兼容性	D3 技术感知易用性	D4 技术风险防控程度
D1 技术先进性	××			
D2 技术兼容性	××	××		
D3 技术感知易用性	××	××	××	
D4 技术风险防控程度	××	××	××	××

表2-3 市场要素层对准则层的影响程度评分表

	D5 物流市场份额（含潜在）	D6 物流市场发展有序度	D7 客户满意程度	D8 生态圈组织共同愿景	D9 生态圈组织利益协调性	D10 生态圈组织间关系稳定性
D5 物流市场份额（含潜在）	××					
D6 物流市场发展有序度	××	××				
D7 客户满意程度	××	××	××			
D8 生态圈组织共同愿景	××	××	××	××		
D9 生态圈组织利益协调性	××	××	××	××	××	
D10 生态圈组织间关系稳定性	××	××	××	××	××	××

表2-4 政府要素层对准则层的影响程度评分表

	D11 法制体系和法治环境	D12 战略导向能力	D13 公共服务和管理水平	D14 政策、资金支持力度
D11 法制体系和法治环境	××			
D12 战略导向能力	××	××		
D13 公共服务和管理水平	××	××	××	
D14 政策、资金支持力度	××	××	××	××

表2-5 企业要素层对准则层的影响程度评分表

	D15 企业现代化管理水平	D16 资源整合能力	D17 资源就绪度	D18 人才管理水平
D15 企业现代化管理水平	××			
D16 资源整合能力	××	××		
D17 资源就绪度	××	××	××	
D18 人才管理水平	××	××	××	××

第三阶段 协同跃迁阶段

表 3-1 县域农业物流生态圈形成协同跃迁阶段准则层因素影响程度评分表

	E1 技术	E2 市场	E3 政府	E4 企业
E1 技术	××			
E2 市场	××	××		
E3 政府	××	××	××	
E4 企业	××	××	××	××

表 3-2 技术要素层对准则层的影响程度评分表

	F1 技术先进性	F2 技术兼容性	F3 技术感知易用性	F4 技术风险防控程度
F1 技术先进性	××			
F2 技术兼容性	××	××		
F3 技术感知易用性	××	××	××	
F4 技术风险防控程度	××	××	××	××

表 3-3 市场要素层对准则层的影响程度评分表

	F5 物流市场份额（含潜在）	F6 物流市场发展有序度	F7 客户满意程度	F8 生态圈组织共同愿景	F9 生态圈组织利益协调性	F10 生态圈组织间关系稳定性
F5 物流市场份额（含潜在）	××					
F6 物流市场发展有序度	××	××				
F7 客户满意程度	××	××	××			
F8 生态圈组织共同愿景	××	××	××	××		
F9 生态圈组织利益协调性	××	××	××	××	××	
F10 生态圈组织间关系稳定性	××	××	××	××	××	××

表 3-4　政府要素层对准则层的影响程度评分表

	F11 法制体系和法治环境	F12 战略导向能力	F13 公共服务和管理水平	F14 政策、资金支持力度
F11 法制体系和法治环境	××			
F12 战略导向能力	××	××		
F13 公共服务和管理水平	××	××	××	
F14 政策、资金支持力度	××	××	××	××

表 3-5　企业要素层对准则层的影响程度评分表

	F15 企业现代化管理水平	F16 资源整合能力	F17 资源就绪度	F18 人才管理水平
F15 企业现代化管理水平	××			
F16 资源整合能力	××	××		
F17 资源就绪度	××	××	××	
F18 人才管理水平	××	××	××	××

第三部分　基本信息

1. 您在哪里工作？政府部门□　高校□　社会中介□　企业□
2. 您在单位从事哪方面的工作？＿＿＿＿＿＿＿＿
3. 您参与过县域经济相关管理工作吗？是□　否□
4. 您参与过农业物流相关工作吗？是□　否□
5. 您参与过县域农业物流相关工作吗？是□　否□
6. 请问在做题过程中，您是否有需要补充的内容？
＿＿＿＿＿＿＿＿＿＿＿＿＿＿＿＿＿＿＿＿＿＿＿＿＿＿＿＿＿＿＿＿
＿＿＿＿＿＿＿＿＿＿＿＿＿＿＿＿＿＿＿＿＿＿＿＿＿＿＿＿＿＿＿＿

再次真诚地感谢您的作答！

您如果想要最终的研究结果，请留下您的邮箱，在成果最终完成后，我们会把相关的数据发送给您！您的邮箱是＿＿＿＿＿＿＿＿

参考文献

[1] 白俊红, 蒋伏心. 协同创新、空间关联与区域创新绩效[J]. 经济研究, 2015, 50 (7): 174–187.

[2] 蔡剑. 协同创新论[M]. 北京: 北京大学出版社, 2012.

[3] 陈劲, 阳银娟. 协同创新的理论基础与内涵[J]. 科学学研究, 2012, 30 (2): 161–164.

[4] 陈劲, 阳银娟. 协同创新的驱动机理[J]. 技术经济, 2012, 31 (8): 6–11, 25.

[5] 陈静. 企业横向并购中的供应链协同与整合[J]. 大连海事大学学报 (社会科学版), 2012, 11 (5): 44–46, 81.

[6] 陈卫. 长三角一体化下的县域物流业发展思考——以安吉县为例[J]. 中国经贸导刊, 2020 (12): 56–59.

[7] 陈志卷. 县域物流发展规划的理论框架研究[J]. 物流工程与管理, 2014, 36 (12): 16–17, 15.

[8] 储涛, 贾伟强. 农村快递物流配送模式系统发展研究[J]. 系统科学学报, 2020, 28 (2): 45–48, 89.

[9] 代明, 殷仪金, 戴谢尔. 创新理论: 1912—2012——纪念熊彼特《经济发展理论》首版100周年[J]. 经济学动态, 2012 (4): 143–150.

[10] 戴定一. 善用互联网理念 实现物流创新发展[N]. 现代物流报, 2015-07-28 (B02).

[11] 邓晓臻, 陈思, 汤银英. 区域产业结构调整下县域城市物流需求空间关联协同研究[J]. 物流技术, 2020 (7): 43–50.

[12] 丁俊发. 中国物流业面临的新形势和新问题[J]. 中国物流与采购, 2010 (22): 62–63.

[13] 丁明磊, 刘秉镰. 基于复杂系统观的区域物流协同创新与演化[J]. 科技

管理研究，2010，30（4）：176-178.

[14] 丁庆华.突变理论及其应用[J].黑龙江科技信息，2008（35）：11，23.

[15] 范春.区域性智慧物流信息化的规划与设计[J].电子政务，2012（7）：96-105.

[16] 范如国.复杂网络结构范型下的社会治理协同创新[J].中国社会科学，2014（4）：98-120，206.

[17] 龚明春.中国县域物流发展研究[J].合作经济与科技，2016，532（5）：10-12.

[18] 郭秀花，罗艳霞，周诗国，等.调查问卷表的可靠性分析方法及实例应用[J].中国卫生统计，2003（4）：42-43.

[19] 哈肯.高等协同学[M].郭治安，译.北京：科学出版社，1989.

[20] 哈肯.协同学——引论物理学、化学和生物学中的非平衡相变和自组织[M].徐锡申，陈式刚，陈雅深，等译.北京：原子能出版社，1984.

[21] 郝书池.发展智慧物流的动因与对策研究[J].物流科技，2017，40（1）：28-31.

[22] 何黎明.我国智慧物流发展现状及趋势[J].中国国情国力，2017（12）：9-12.

[23] 何青，桂小奋，袁梦婷.祁东县域电商物流配送的现状、问题及对策研究[J].经济研究导刊，2019（32）：38-39.

[24] 何郁冰.产学研协同创新的理论模式[J].科学学研究，2012，30（2）：165-174.

[25] 贺盛瑜，马会杰.农产品冷链物流生态系统的演化机理[J].农村经济，2016（10）：114-117.

[26] 胡刚健.熊彼特创新理论及其对我国经济发展的启示[J].当代经济（下半月），2007（6）：41-42.

[27] 黄健，吕建伟，刘中华.基于模糊层次分析法的动态群决策及其应用[J].运筹与管理，2007（1）：14-18.

[28] 黄柯，祝建军.多类型"互联网+"物流创新平台的商业模式比较研究[J].中国流通经济，2019，33（8）：22-33.

[29] 黄勇，易法海，杨平.国外农产品物流模式及其经验借鉴[J].社会主义

研究，2007（3）：133-135.

［30］黄祖辉．有效结合农业经营主体与服务体系［N］．中国社会科学报，2013-12-18（A07）．

［31］回亮澔，伍玉林．战略性新兴产业集群主体协同创新系统研究［J］．自然辩证法研究，2020，36（9）：38-44.

［32］贾舒．协同创新网络对企业新产品开发的绩效探讨［J］．企业经济，2020（9）：14-21

［33］姜阅，李玉华．我国现代农业物流发展模式与评价指标体系的构建［J］．物流技术，2014（1）：51-53.

［34］蒋明琳．福建省"互联网+农业服务业"转型升级策略［J］．闽南师范大学学报（哲学社会科学版），2017，31（2）：70-76.

［35］焦亚琴．安徽县域电子商务服务业发展水平测度研究［D］．合肥：安徽大学，2017.

［36］解学梅，左蕾蕾．企业协同创新网络特征与创新绩效：基于知识吸收能力的中介效应研究［J］．南开管理评论，2013，16（3）：47-56.

［37］解学梅．中小企业协同创新网络与创新绩效的实证研究［J］．管理科学学报，2010，13（8）：51-64.

［38］孔德议，张向前．基于生态管理理论的创新型人才成长环境研究［J］．生态经济，2012（11）：175-179.

［39］孔栋，左美云，孙凯．"上门"型O2O模式构成要素及其关系：一个探索性研究［J］．管理评论，2016，28（12）：244-257.

［40］李春蕾，唐晓云．论旅游物流生态圈的构建［J］．商业经济研究，2015（35）：41-42.

［41］李东亮，吴绍琪．基于生态管理理论的企业可持续发展战略研究［J］．科技管理研究，2008（7）：458-460，489.

［42］李国英．大互联网背景下农业信息化发展空间及趋势——借鉴美国的经验［J］．世界农业，2015（10）：15-20.

［43］李祥祥，郭进利，叶健飞．双渠道供应链协调的补偿——分享联合契约研究［J］．物流科技，2015，38（1）：23-25，45.

［44］李学兰，王海元，张健新．灰色系统理论下的新疆物流业与农业协同发展

　　　　［J］.内蒙古民族大学学报（社会科学版），2018，44（3）：88-97.

［45］李巡按.县域特色农产品电子商务物流体系构建——以浙江省L县为例［D］.杭州：浙江工商大学，2016.

［46］李志斌，李敏芳.企业生态管理控制系统基本理论框架研究［J］.会计与经济研究，2017，31（2）：41-53.

［47］李志鹏.县域视角下的农村电商物流配送中心选址规划研究［D］.北京：北京交通大学，2019.

［48］李梓元，葛晓伟.大数据时代城乡商贸流通网络重构研究［J］.商业经济研究，2017（17）：15-17.

［49］梁启超，傅少川.新形势下农业物流运作模式的构建研巧［J］.物流技术，2009（10）：20-22.

［50］林志威."冷链物流"保障食品市场良效有序运行［J］.食品开发，2016（5）：52-52.

［51］凌珊.新型城镇化背景下县域工业企业物流成本外部控制研究［D］.合肥：安徽大学，2016.

［52］刘程军，周建平，蒋建华，等.电子商务背景下县域物流的空间联系及其网络结构研究——以浙江省为例［J］.地理科学，2019，39（11）：1719-1728.

［53］刘丹，闫长乐.协同创新网络结构与机理研究［J］.管理世界，2013（12）：1-4.

［54］刘淑春.中国数字经济高质量发展的靶向路径与政策供给［J］.经济学家，2019（6）：52-61.

［55］刘帅.我国县域物流资源整合存在的问题与对策研究［J］.中国商界，2013（1）：170-171.

［56］刘岩，田强，侣姐.基于系统动力学的农业与物流业互动发展研究［J］.中国农机化学报，2019，40（5）：222-228.

［57］刘悦.小县城崛起大物流［J］.当代贵州，2019，524（10）：64-65.

［58］刘志铭，郭惠武.创新、创造性破坏与内生经济变迁——熊彼特主义经济理论的发展［J］.财经研究，2008（2）：18-30.

［59］柳卸林，高雨辰，丁雪辰.寻找创新驱动发展的新理论思维——基于新熊

彼特增长理论的思考[J].管理世界,2017(12):8-19.

[60] 罗倩.河南省县域城市物流行业市场分析[J].北方经贸,2014(3):78-78.

[61] 吕飞,马士华.供应商成本信息不对称下装配系统协同问题研究[J].运筹与管理,2017,26(2):57-67.

[62] 吕铁.传统产业数字化转型的趋向与路径[J].人民论坛·学术前沿,2019(18):13-19.

[63] 马丽荣,马丁丑,张恩源.主要涉农物流因子对农业发展影响的灰色关联分析[J].生产力研究,2014(1):67-71.

[64] 马庆国.管理统计:数据获取、统计原理、SPSS工具与应用研究[M].北京:科学出版社,2002.

[65] 穆燕鸿,王杜春.黑龙江省农村电子商务发展水平测度实证分析——以15个农村电子商务综合示范县为例[J].江苏农业科学,2016,45(5):608-611.

[66] 宁荣辉.贵州省县域农村物流配送问题及策略[J].物流工程与管理,2019,41(8):29-30.

[67] 潘开灵,白烈湖.管理协同理论及其应用[M].北京:经济管理出版社,2006.

[68] 彭静,张辰.区块链视角下农村冷链物流发展策略研究[J].中国市场,2019(19):172-173.

[69] 普里戈金.从存在到演化[M].沈小峰,曾庆宏,严士健,等译.北京:北京大学出版社,2019.

[70] 齐丹."互联网+农业":农产品电子商务物流模式优化研究[J].农业经济,2019(1):139-140.

[71] 全世文,曾寅初,毛学峰.运输成本可以解释空间市场整合中的交易成本吗?——来自中国小麦和玉米市场的证据[J].中国农村观察,2015(1):15-29,93.

[72] 任豪祥.全面推动智慧物流业高质量发展[N].现代物流报,2019-07-01(A05).

[73] 桑爱华.县域农村物流发展面临的瓶颈及其对策[J].中国高新区,2018

（22）：3.

［74］施晓清.产业生态系统及其资源生态管理理论研究［J］.中国人口·资源与环境,2010,20（6）：80-86.

［75］舒辉,胡毅.基于扎根理论的农业物流生态圈协同影响因素分析［J］.中国流通经济,2020,34（1）：30-41.

［76］宋刚,白文琳,安小米,等.创新2.0视野下的协同创新研究：从创客到众创的案例分析及经验借鉴［J］.电子政务,2016（10）：68-77.

［77］宋周莺,虞洋,祝巧玲,等.中国县域网络购物空间格局及其影响因素［J］.地理研究,2019,38（12）：2997-3009.

［78］孙克.数字经济发展的思辨践悟［J］.通信管理与技术,2017（6）：17-18.

［79］孙琳.河北省县域物流与农村电商耦合发展研究［D］.石家庄：河北经贸大学,2020.

［80］田溯宁.释放"数据"的力量［N］.人民日报,2015-06-15（5）.

［81］涂淑丽,毛艳兰.产业互联网下的农业物流生态圈协同框架研究［J］.供应链管理,2020,1（4）：108-116.

［82］万玲.浅议江西省县域物流产业与经济发展［J］.企业经济,2011（2）：129-131.

［83］汪传雷,朱绍平,陈娇,等.基于DICE模式的电子商务物流生态圈系统构建——以安徽青年电子商务产业园为例［J］.资源开发与市场,2016,32（2）：135-141.

［84］汪旭晖,张其林.电子商务破解生鲜农产品流通困局的内在机理——基于天猫生鲜与沱沱工社的双案例比较研究［J］.中国软科学,2016（2）：39-55.

［85］王东.基于产业链延伸视角的物流行业平台生态圈研究［J］.商业经济研究,2019（23）：100-103.

［86］王罡.基于多模的智能物流园区一卡通技术研究［D］.哈尔滨：哈尔滨工程大学,2014.

［87］王冠宁.电子商务生态圈中的农产品物流问题与对策［J］.湖北农业科学,2014,53（17）：4248-4249.

[88] 王继祥."软件定义物流"推动智慧物流全面发展[J].物流技术与应用,2017,22(12):86-89.

[89] 王蕾,曹希敬.熊彼特之创新理论的发展演变[J].科技和产业,2012,12(6):84-88.

[90] 王明辉.基于产业链的纵向协同创新模式研究[J].现代管理科学,2015(8):57-59.

[91] 王帅,林坦.智慧物流发展的动因、架构和建议[J].中国流通经济,2019,33(1):35-42.

[92] 王新利.试论农业产业化发展与农村物流体系的建立[J].农业经济问题,2003(4):23-26,79.

[93] 王郁,郭丽芳,马家齐,等."互联网+"视域下智慧物流实时风险管理机制研究[J].管理现代化,2018,38(1):98-101.

[94] 王媛媛.新型城镇化背景下小城镇电商物流企业服务能力评价研究[D].合肥:安徽大学,2016.

[95] 王之泰.城镇化需要"智慧物流"[J].中国流通经济,2014,28(3):4-8.

[96] 王重鸣.心理研究方法[M].北京:人民教育出版社,1990.

[97] 卫颖.农村物流电子商务管理风险识别、评估与控制研究[J].农业经济,2016(12):79-81.

[98] 魏际刚.智慧物流发展 推动物流业变革[J].物流技术与应用,2018,23(7):60-61.

[99] 翁发林.县域工业企业物流组织结构的发展分析[J].山东行政学院山东省经济管理干部学院学报,2005(3):77-79.

[100] 邬贺铨.大数据:显现产业生态链影响力[N].社会科学报,2014-11-13(2).

[101] 邬文兵,李爽,项竹青,等.司机对共享物流平台的持续使用意愿研究——TAM模型的实证分析[J].经济管理,2019,41(10):178-193.

[102] 邬文兵,王俣含,王树祥,等.我国农产品物流系统自组织演化研究——前提、诱因、动力和路径[J].经济问题探索,2017(12):42-49.

[103] 吴菁芃,吴清一.数字物流中的数字技术[J].中国物流与采购,2018

(7):66-67.

[104] 吴静惠,张向前.基于生态管理理论的中国适应创新驱动的科技人才成长环境研究[J].生态经济,2017,33(8):149-155.

[105] 吴清一."数字物流"开拓物流现代化新纪元[J].物流技术与应用,2017,22(7):104-106.

[106] 项昊洁.基于县域经济的物流产业发展前景分析——以浙江省桐庐县为例[J].经济研究导刊,2017(24):57-58,67.

[107] 肖旭,戚聿东.产业数字化转型的价值维度与理论逻辑[J].改革,2019(8):61-70.

[108] 谢莉娟.互联网时代的流通组织重构——供应链逆向整合视角[J].中国工业经济,2015(4):44-56.

[109] 谢钦,宋文正.科学规划区域物流 提升区域经济水平——四川北川县域物流发展研究[J].绵阳师范学院学报,2014(9):10-14.

[110] 熊励,孙友霞,蒋定福,等.协同创新研究综述——基于实现途径视角[J].科技管理研究,2011,31(14):15-18.

[111] 徐金丰.县域精准扶贫中问题的法律分析[J].新财经,2019(3):16-16.

[112] 许旭.我国数字经济发展的新动向、新模式与新路径[J].中国经贸导刊(理论版),2017(29):49-51.

[113] 薛晓芳,梁伟静,李晓智."大数据"背景下的协同物流生态系统研究[J].价格月刊,2016(4):63-67.

[114] 严圣艳,许安心.我国"互联网+农村流通业"发展面临的问题与思路[J].经济纵横,2016(1):91-95.

[115] 杨磊.县域农村物流信息服务平台构建研究[J].物流工程与管理,2011(8):50-51.

[116] 杨守德.技术创新驱动中国物流业跨越式高质量发展研究[J].中国流通经济,2019,33(3):62-70.

[117] 余娟.基于互联网定位的农村物流配送信息智能匹配服务系统[J].现代电子技术,2019,42(7):119-124.

[118] 张钢,陈劲,许庆瑞.技术、组织与文化的协同创新模式研究[J].科

学学研究, 1997（2）: 56-61, 112.

[119] 张光亮, 康鑫宇, 咸士琳, 等. 农村物流最后一公里的探索——基于菜鸟"县域智慧物流+"项目实证调查[J]. 经济管理（全文版）, 2016(7): 247-248.

[120] 张鸿, 杜凯文, 靳兵艳. 乡村振兴战略下数字乡村发展就绪度评价研究[J]. 西安财经学院学报, 2020, 33（1）: 51-60.

[121] 张建军, 赵启兰. 基于"互联网+"的供应链平台生态圈商业模式创新[J]. 中国流通经济, 2018, 32（6）: 37-44.

[122] 张俊辉. 县域物流对经济发展作用及其优化路径研究——以山东茌平县为例[J]. 生产力研究, 2015（3）: 73-75, 78.

[123] 张涛. 移动互联网视角下我国生鲜农产品物流效率研究[J]. 农业经济, 2018（10）: 141-142.

[124] 张喜才. 互联网时代农村物流网络体系建设研究[J]. 农业经济与管理, 2017（3）: 79-89.

[125] 张晓波. 互联网时代农村物流网络体系构建探析[J]. 商业经济研究, 2020（9）: 119-121.

[126] 张晓林. 乡村振兴战略下的农村物流发展路径研究[J]. 当代经济管理, 2019, 41（4）: 46-51.

[127] 张新红. 数字经济: 中国转型增长新变量[N]. 经济日报, 2016-11-24（14）.

[128] 赵黎明, 徐青青. 我国区域现代农业物流体系发展探要[J]. 中国农业大学学报（社会科学版）, 2003（3）: 7-13.

[129] 赵惟, 张文瀛. 智慧物流与感知技术[M]. 北京: 电子工业出版社, 2016.

[130] 赵晓飞, 李崇光. 农产品流通渠道变革: 演进规律、动力机制与发展趋势[J]. 管理世界, 2012（3）: 81-95.

[131] 赵秀娟, 熊政力, 赵振亚. 面向县域经济发展的甘肃农村电商与物流融合发展策略[J]. 农村经济与科技, 2020, 31（6）: 79-80.

[132] 周熙登. 基于自组织的农产品物流系统战略协同演化[J]. 中国流通经济, 2015, 29（6）: 45-52.

[133] 朱红恒. 熊彼特的创新理论及启示[J]. 社会科学家, 2005（1）: 59-61, 70.

[134] 邹清明, 郭志憨, 郭培甲, 等. 衡阳市县域物流发展现状及路径分析[J]. 南华大学学报（社会科学版）, 2017, 18（6）: 73-81.

[135] BARKEMA A. Reaching consumers in the twenty-first century: the short way around the barn[J]. American journal of agricultural economics, 1993, 75（5）: 1126-1131.

[136] BUVIK A, GRONHAUG K. Inter-firm dependence, environmental uncertainty and vertical co-ordination in industrial buyer-seller relationships[J]. Omega, 2000, 28（4）: 445-454.

[137] CHURCHILL JR G A. A paradigm for developing better measures of marketing constructs[J]. Journal of marketing research, 1979, 16（1）: 64-73.

[138] DUNN S C, SEAKER R F, WALLER M A. Latent variables in business logistics research: scale development and validation[J]. Journal of business logistics, 1994（15）: 145-145.

[139] FULBRIGHT T E, HEWITT D G. Wildlife science: linking ecological theory and management applications[M]. Boca Raton: CRC Press, 2007.

[140] FURMANNA R, FURMANNOVÁ B, WIĘCEK D. Interactive design of reconfigurable logistics systems[J]. Procedia engineering, 2017（192）: 207-212.

[141] HANDAYATI Y, SIMATUPANG T M, PERDANA T. Agri-food supply chain coordination: the state-of-the-art and recent developments[J]. Logistics research, 2015, 8（1）: 1-15.

[142] Hsieh S-C. Analyzing urbanization data using rural-urban interaction model and logistic growth model[J]. Computers, environment and urban systems, 2014（45）: 89-100.

[143] KOVALSKÝ M, MIČIETA B. Support planning and optimization of intelligent logistics systems[J]. Procedia engineering, 2017（192）: 451-456.

[144] LAWRENCE J D, LAWRENCE D B, CARSON D S. Optimizing ADHD therapy with sustained-release methylphenidate[J]. American family

physician, 1997, 55（5）: 1705-1709, 1711-1712.

［145］MIGHELL R L, JONES L A.Vertical coordination in agriculture［R］.USDA-ERS AGEC Report, 1963.

［146］MOORE J F. Predators and prey: a new ecology of competition［J］. Harvard business review, 1999（3）: 71-75.

［147］MOROZ M.The level of development of the digital economy in Poland and selected European countries: a comparative analysis［J］.Foundations of management, 2017, 9（1）: 11-36.

［148］MURPHY P R, POIST R F. Third-party logistics: some user versus provider perspectives［J］. Journal of business logistics, 2000（1）: 1-21.

［149］OSVALD A, STIRN L Z A. Vehicle routing algorithm for the distribution of fresh vegetables and similar perishable food［J］. Journal of food engineering, 2008（85）: 285-295.

［150］RISNEN J, TUOVINEN T. Digital innovations in rural micro-enterprises［J］. Journal of rural studies, 2020（73）.

［151］RONG A, AKKERMAN R, GRUNOW M. An optimization approach for managing fresh food quality throughout the supply chain［J］.International journal of production economics, 2011（131）: 421-429.

［152］SINGH P J, POWER D, CHUONG S C. A resource dependence theory perspective of ISO 9000 in managing organizational environment［J］. Journal of operations management, 2010, 29（1）: 49-64.

［153］SWAPNIL M, VISMAY T, PRIYANKA V, et al. Highly stable digital holographic microscope using Sagnac interferometer［J］. Optics letters, 2015, 40（16）: 3743-3746.